지구 멸망 보고서

지구 멸망보고서

초판 1쇄 발행 2017년 11월 1일
초판 5쇄 발행 2021년 11월 5일

지은이 오승현 그린이 이강훈 기획 설완식
펴낸이 이승현

편집3 본부장 최순영
교양 학습 팀장 김문주 편집 김희선
키즈 디자인 팀장 이수현 디자인 Studio Marzan 김성미

펴낸곳 (주)위즈덤하우스 출판등록 2000년 5월 23일 제13-1071호
주소 서울특별시 마포구 양화로 19 합정오피스빌딩 17층
전화 02) 2179-5600 홈페이지 www.wisdomhouse.co.kr 전자우편 kids@wisdomhouse.co.kr

© 오승현·설완식, 2017

ISBN 979-11-6220-105-3 43500

자료 제공

19p 배린저 크레이터 │ 59p 원자 폭탄 실험 │ 66p 체르노빌 원전 │ 82p 이스터섬 모아이 │ 88p 시리아 난민들 – wikipedia
70p 우리나라 주변 원전 – 구글 맵, 한국수력원자력 참고 │ 97p 인공위성에서 촬영한 한밤의 지구 – NASA

참고 자료

조제 사라마구, 『눈먼 자들의 도시』, 해냄 │ 히로세 다카시, 『원전을 멈춰라』, 이음
프란체스코 교황, 『찬미받으소서』, 한국천주교중앙협의회 │ 팀 플래너리, 『기후 창조자』, 황금나침반
재러드 다이아몬드, 『문명의 붕괴』, 김영사 │ 박민규, 『삼미 슈퍼스타즈의 마지막 팬클럽』, 한겨레출판

* 이 책에 실린 모든 자료의 출처를 찾기 위해 최선을 다했습니다. 누락이나 착오가 있으면 수정하겠습니다.

지구 멸망 보고서

오승현 글 ★ 이강훈 그림

위즈덤하우스

★ 차 례

들어가는 글 : 눈먼 자들의 세상

나는 우리가 눈이 멀었다가 다시 보게 된 것이라고 생각하지 않아요. 나는 우리가 처음부터 눈이 멀었고, 지금도 눈이 멀었다고 생각해요. (…) 볼 수는 있지만 보지 않는 눈먼 사람들이라는 거죠.

－조제 사라마구,『눈먼 자들의 도시』

종말, 허구에서 현실로

★ 가장 오래된 서사시로 알려진 고대 바빌로니아의『길가메시 서사시』에는 대홍수 이야기가 언급됩니다. 주인공 길가메시가 대홍수에서 살아남은 불멸의 존재, 우트나피시팀에게 찾아가는 대목에서지요. 흥미롭게도 대홍수 이야기는 전 세계의 수많은 신화와 전설에 나온답니다.『성경』에는 '노아'라는 사람이 대홍수를 대비해서 '노아의 방주'라고 불리는 커다란 배를 만들고, 온갖 들짐승과 산짐승을 싣는 이야기가 나오지요.

서로 다른 문명권에서 싹튼 신화들이 비슷한 내용을 소재로 삼는다는 사실이 신기하지요. 학자들은 이러한 소재를 '원형 상징'

이라고 부른답니다. 원형 상징은 지역과 민족을 뛰어넘어 고대에서 현대까지 이어지며 되풀이되는 인류의 보편적 상징입니다. 대홍수는 더러운 것을 씻어 내고 완전히 새롭게 한다는 의미를 담고 있답니다. 즉, 죽음의 바다에서 생명이 새롭게 자란다는 의미지요. 이전 세계의 멸망이자 이후 세계의 시작이라는, 신화 속 대홍수의 의미에서 종말이 가진 이중성을 발견하게 됩니다. 종말은 끝인 동시에 시작이지요.

사람들은 견디기 힘든 상황을 벗어날 길이 없을 때 발악하거나 포기하거나 둘 중 하나를 택합니다. 견디기 힘든 상황이 개인적 차원을 넘어 시대적 현실로 엄습할 때도 사람들은 같은 선택을 한답니다. 죽을 용기로 발악하면 반란이나 봉기를 일으킬 테고, 차마 그렇게 할 용기가 없다면 포기하고 무력하게 살아가겠죠. 저항을 포기한 사람조차도 실낱같은 희망까진 버리지 않습니다. 내세를 꿈꾸거나 지금의 세상이 끝장나고 새 세상이 오길 염원하지요. 불교의 미륵 세상, 기독교의 천년 왕국은 모두 지금의 세상이 끝나고 찾아올 새 세상을 의미한답니다.

현재 삶에 만족한다면 종말론 같은 걸 믿진 않겠지요. 세상이 어지럽고 삶이 어려울수록 종말론이 기승을 부리는 이유랍니다. 같은 이유로 현재가 더없이 만족스러운 사람은 종교를 찾을 이유가 없을 겁니다. 삶의 고단함과 인생의 허무함이 우리의 발길을

들어가는 글

종교로 이끌지요. 구원이나 천국 등은 잠시나마 고단함과 허무함을 잊게 해 주니까요. 이처럼 종말론은 고단한 현실에 대한 불만을 반영하는 동시에 위안을 담고 있답니다.

과거의 종말론이 삶에서 희망을 찾기 어려운 이들의 위안거리였다면, 오늘날의 종말론은 위안보다 경고에 가깝습니다. 지구 온난화는 지금도 빠르게 진행 중이고, 핵전쟁은 언제라도 일어날 수 있으니까요. 공상 과학 영화에서 숱하게 다뤄지는 '지구 멸망'을 단순한 구경거리나 재밋거리로만 여길 수 없게 되었습니다. 지구 멸망은 현실적 위협이 되었지요.

이 책에서 다룰 내용은 지구 멸망에 관한 흥미진진한 이야기가 결코 아닙니다. 나의 생존, 우리의 생존, 더 나아가 우리 후손들의 생존에 관한 이야기랍니다.

한 번도 가 보지 않은 길

★ 코맥 매카시가 쓴 『로드』라는 소설이 있습니다. 소설의 배경은 핵전쟁으로 잿빛이 된 세상입니다. 인류 대부분이 죽고 농작물과 가축도 전부 씨가 마른 세상이지요. 문명이 붕괴된 폐허 위에서 살아남은 극소수의 사람들이 처절하게 싸운답니다. 생존을

위해 자연과 싸울까요? 아니요. 고기를 얻으려고 사람을 사냥하는 다른 생존자들과 싸웁니다. 이것이 지구 최후의 모습이 아닐까요? 국가가 무너지고 질서도 없는 세상에선 오직 힘이 지배하지요. 코맥 매카시는 늘그막에 얻은 아들을 생각하며 이 소설을 썼다고 합니다. 아들이 살아갈 미래의 모습이 그리 밝지 않다는 걱정에서요. 예민한 작가의 지나친 걱정일까요?

혹시 '최후의 날 시계'라고 들어 봤나요? 1947년에 핵 과학자들이 핵전쟁으로 인류가 파멸할 가능성을 경고하기 위해 만든 시계랍니다. 영어로 둠스데이 클락(Doomsday Clock)이라고 하는데, 지구 종말을 알려 준다는 뜻으로 '종말 시계'라고도 부르지요. 종말 시계는 인류가 파멸할 시점을 자정 '0시'로 설정하고, 자정까지 시간이 얼마나 남았는지 보여 줍니다. 시계는 2012년 1월에 움직였고 2015년 1월에 다시 움직였습니다. 2012년에 '0시 5분 전'이었던 시계는 2015년에 '0시 3분 전'이 됐지요. 그만큼 지구가 위기에 처해 있다는 뜻입니다. 과학자들은 '기후 변화와 핵무기 개발 등으로 지구 종말 시계 바늘을 움직여야만 했다.'고 밝혔지요.

핵전쟁이 실제로 벌어지면, 하루아침에 인류는 잿더미를 뒤집어쓴 채 최후를 맞겠지요. 지구 역사에서 인간이 지구를 끝장낼 힘을 가져 본 적은 지금껏 단 한 번도 없었습니다. 그러나 지금 인류는 여러 번에 걸쳐 지구를 쑥대밭으로 만들 만큼의 핵무기를 보유하고 있답니다. 2016년 1월 기준으로, 지구상에는 약 1만 5395기의 핵폭탄이 있습니다. 어떤 권력자가 고의든 착오든 핵폭탄 발사 버튼을 누른다면, 인류는 몰락의 길을 걷게 됩니다. 우리가 사는 세상은 그만큼 치명적이며 돌이킬 수 없는 위험을 안고 있습니다. 그뿐 아니죠. 지구 온난화는 인간이 지구의 기후를 뒤바꾼 최초의 사건이랍니다. 현대인은 우리의 조상들이 경험하지 못한 시대에 살고 있습니다. 우리 모두가 깨어 있는 정신으로 권력을 감시하고 사회와 지구를 보호해야 할 이유랍니다.

기우(杞憂)라는 말이 있지요. 앞일을 쓸데없이 걱정할 때 쓰는 말입니다. 옛날 중국 기(杞)나라에 살던 사람이 하늘이 무너질까 봐 잠도 못 자고 먹지도 못할 정도로 근심했다는 데서 유래한 말이에요. 아직 닥치지 않은 일을 미리부터 걱정하는 건 어리석을 때가 많습니다. 어차피 걱정하는 일들의 대부분은 일어나지 않고, 일어난다 해도 자기 힘으로 어찌할 수 없을 때가 많으니까요. 그러니 걱정하는 것보다 걱정하지 않는 게 더 낫답니다. "제가 바꿀 수 있는 일들을 바꿀 수 있는 용기를, 제가 바꿀 수 없는 일들은 받아들일 수 있는 여유를, 그리고 그 둘을 구별할 수 있는 지혜를 주소서." 제가 좋아하는 기도문이랍니다.

그러나 이 책에서 다룬 내용은 우리 생애에 반드시 일어날 일이거나 충분히 일어날 수 있는 일입니다. 지구 온난화나 원전 사고 같은 일이 그러하지요. 그러니까 '기우'라는 말은 접어 두세요. 그런 말을 하는 대신에 세상을 바꾸기 위해서 내가 할 수 있는 일은 무엇인지 곰곰이 생각해 봅시다. '내'가 모여 '우리'가 되고, '우리'가 모여 '세상'이 됩니다. 내가 바뀌면 세상도 바뀌지요.

태양계에서 아름다운 행성을 발견했다.
행성 이름은 지구. 자연환경이 좋아서
우리가 이주할 행성으로 적합해 보인다.
지금 당장 미래 예측기로
미래의 지구 모습을 예상해 보겠다.

조사 접속한다.
그럼 건투를 빈다!

지구 멸망 보고서

1

공룡이 사라진 까닭

★ 공룡은 지구에서 가장 강한 동물이었지요. 약 1억 6000만 년 동안 공룡을 위협하는 다른 동물은 없었답니다. 그런데 어느 날 공룡이 갑자기 사라지고 맙니다. 한때 지구를 지배한 공룡이 갑자기 사라진 이유가 뭘까요? 지금까지 여러 가설이 제기됐습니다. 거대한 화산 폭발로 화산 인근에 있던 공룡이 먼저 죽고, 방출된 화산재가 하늘을 뒤덮자 나머지 공룡도 따라서 멸종했다는 설이 있습니다. 또, 빙하기가 찾아와 갑자기 바뀐 환경에 적응하지 못하고 멸종했다는 설도 있지요.

이렇게 여러 학설이 제기되는 가운데 가장 가능성이 높다고 언급되는 설이 있습니다. 중생대와 신생대를 가르는 지층을 K-T 경계층이라고 합니다. 1~3센티미터 정도 되는 아주 얇은 층이지요. 경계층의 아래로는 중생대의 마지막 시기인 백악기(K) 지층이 있고, 위로는 신생대의 첫 시기인 제3기(T) 지층이 있지요. 그래서 이 지층을 K-T 경계층이라 부른답니다. K-T 경계층을 중심으로 위와 아래 지층에 묻혀 있는 화석은 아주 다릅니다. 아래 지층에는 공룡 화석이 묻혀 있지만, 위 지층에는 공룡 화석이 없지요. 그리고 특이하게도 K-T 경계층에는 생명의 흔적이 없답니다.

소행성 충돌

또, 다른 지층보다 30배나 많은 이리듐이 함유돼 있다는 사실도 밝혀졌지요. 이리듐은 지구에서 매우 희귀한 금속이랍니다. 그렇다면 왜 K-T 경계층에만 그토록 많은 이리듐이 있는 걸까요? 과학자들은 우주에서 지구로 떨어지는 운석에 이리듐이 많다는 점에 주목했습니다.

6500만 년 전의 백악기, 멕시코 유카탄반도에 거대한 소행성*이 떨어졌습니다. 소행성의 지름은 무려 6~15킬로미터(km)에 달했습니다. 소행성이 충돌할 때 그 위력이 얼마나 컸을까요? 1500킬로미터 이내의 모든 생명이 사라질 정도였답니다. 현재 인류는 엄청난 양의 핵폭탄을 보유하고 있습니다. 그런데 공룡을 멸종시킨 소행성의 충격파는 인류가 보유한 모든 핵폭탄을 터뜨린 것보다 만 배는 더 강력했답니다.

소행성의 충돌로 지구에 긴 겨울이 찾아왔습니다. 엄청난 충격으로 지각이 부서지면서 파편과 먼지가 하늘로 떠올랐지요. 이 입자들은 수개월 동안 햇빛을 막았답니다. 이를 '충돌 겨울(Impact Winter)'이라 부릅니다. 그 여파로 무게가 45킬로그램 이상인 동물들은 거의 살아남지 못했습니다. 지구에 살던 생물의

＊ **소행성** 태양 둘레를 공전하는 천체 가운데 행성보다는 작은 천체를 말한다. 소행성이 지구 대기로 진입하며 밝게 빛나는 상태를 유성이라 하고, 땅으로 떨어지면 운석이라고 부른다.

약 75퍼센트가 사라졌지요. 공룡도 이때 멸망했습니다. 먼지구름이 몰고 온 어둠과 추위로 공룡들은 얼어 죽고 굶어 죽었습니다. 지구는 돌덩이 하나로도 멸망할 수 있습니다. 물론 상당히 커다란 돌덩이겠지만요. 우리 지구는 그만큼 허약하답니다.

소행성이 충돌한 흔적이 지구에 남아 있을까요? 자, 아래 사진을 보세요. 미국 애리조나주에 있는 배린저 크레이터(Barringer Crater)의 모습입니다. 지름이 1.2킬로미터에 달하는 구덩이랍니다. 학교 운동장 너비가 보통 100미터(m) 안팎이니까 운동장을 12개 정도 붙여 놓으면 구덩이의 지름과 엇비슷하겠지요. 여기에 떨어진 운석의 지름은 대략 50미터 정도로 추정합니다. 학교 운동장의 절반 정도의 크기랍니다.

미국 애리조나주에 있는 배린저 크레이터(Barringer Crater)

소행성 충돌

다행히 지구에는 대기가 있어서 자잘한 충돌을 막아 주지요. 대기는 충격을 완화하는 담요와 같은 역할을 한답니다. 하지만 소행성의 크기가 커지면 이야기가 달라지지요. 담요로 비비탄을 막을 순 있지만 폭탄은 못 막는 것과 같은 이치랍니다. 지구는 얇은 담요 한 장만 걸친 채 우주에 떠 있습니다.

인간도 공룡처럼 멸종할 수 있다

★ 지구에 0.3에이유(AU) 이내로 가까워지는 소행성과 혜성을 가리켜 지구 근접 천체(NEO, Near Earth Objects)라고 합니다. 참고로 천문단위 1에이유(AU)는 태양과 지구 사이의 거리로 약 1억 5000만 킬로미터 정도 되지요. 지구 근접 천체 중 소행성만 1만 6000개 정도 됩니다. 1만 6000개의 소행성 중 지름이 1킬로미터가 넘는 것이 대략 900여 개랍니다. 이들 중 한 개라도 방향을 바꿔 지구로 돌진한다면? 생각만 해도 아찔합니다.

불행 중 다행인 것은 100년 안에 지구에 충돌할 것으로 예상되는, 지름 1킬로미터 이상인 소행성이 없다는 점입니다. 그러나 완전히 마음을 놓기에는 아직 이릅니다. 현재 발견된 소행성 중에서 없다는 거니까요. 아직 발견하지 못한 소행성이 전혀 없다고 100퍼센트 확신할 수 없답니다. 소행성 중에는 햇빛을 반사하지 않아 망원경으로 잘 보이지 않는 것들도 있으니까요. 한밤중에 검은 옷을 입고 다니면 눈에 잘 띄지 않는 것과 같은 원리랍니다. 지름이 1킬로미터보다 큰 소행성은 대부분 발견되었지만, 100미터 정도의 소행성은 아직 10퍼센트도 확인되지 않았습니다. 또 100년 뒤에는 충돌할 확률이 달라지겠죠.

소행성 베누(Bennu)는 현재까지 지구 충돌 위험이 가장 높은 천체로 알려져 있습니다. 베누는 지름이 500미터 정도인데, 6년마다 한 번씩 지구를 스쳐 지나가고 있답니다. 과학자들은 2035년에 베누가 달보다 더 지구에 가까이 접근하고, 2175~2196년에는 지구와 충돌할 확률이 2700분의 1 정도로 높아질 거라 예상하고 있습니다. 다른 소행성들과 비교했을 때 상당히 높은 확률이지요.

가장 최근에 일어난 소행성 충돌은 1908년 6월 30일에 있었답니다. 일명 '퉁구스카 대폭발'이라 부르는 충돌이지요. 시베리아의 퉁구스카 삼림 지대에서 발생한 대폭발입니다. 지금처럼 통신이 발달하지 않았던 시대라 크게 화제가 되진 않았습니다. 다행히 폭발로 파괴된 숲에는 사람이 살지 않아서 인명 피해도 없었습니다. 그러나 자연 피해는 상당히 컸답니다. 제주도 면적의 숲이 순식간에 타 버렸습니다. 6000~8000만 그루의 나무가 잿더미가 됐지요. 충돌의 충격이 얼마나 컸으면 1500킬로미터 바깥에 있는 건물의 벽이 흔들릴 정도였습니다. 당시 폭발의 강도는 히로시마 원자 폭탄의 1000배에 달한다는 연구도 있지요. 이때 떨어진 운석의 크기는 지름 60미터 정도로 추정됩니다.

최근에도 아주 식겁한 일이 있었죠. 1989년 3월 23일, 퉁구스카 대폭발 때보다 더 큰 소행성이 지구를 스쳐 지나간 적이 있답니다. 지름이 305미터 정도에 이르는 소행성이었죠. 이 소행성은 64만 킬로미터 차이로 지구를 비껴갔습니다. 지구와 달 사이의 거리가 38만 킬로미터인 점을 생각하면 꽤 멀어 보이기도 하죠? 그런데 여기에 놀라운 사실이 숨어 있답니다. 불과 6시간 전만 해도 지구는 소행성이 지나간 바로 그 자리에 있었다는 사실입니다. 6시간 일찍 소행성이 날아왔다면, 혹은 지구가 6시간 늦게 공전했다면 인류는 공룡의 운명을 따랐을지 모릅니다. 상상만으로도 끔찍하지요.

공룡이 지구를 지배하던 시절에, 포유류는 공룡의 발밑에서 숨죽여 돌아다니던 작은 야행성 동물에 불과했습니다. 그러다 소행성 충돌로 포유류는 새로운 기회를 맞게 됩니다. 공룡이 대멸종의 시기를 겪고 있을 때 땅속으로 피신한 작은 포유류들은 살아남을 수 있었죠. 그들이 지상으로 올라왔을 때 거구의 천적들은 모두 사라지고 없었답니다. 공룡이 사라진 지구는 점차 포유류의 행성이 되었습니다. 이것은 인간에게 커다란 행운이었습니다. 그러나 미래의 어느 날, 인간도 소행성의 충돌로 공룡처럼 멸종하지 말란 법이 없지요.

우리가 할 수 있는 일

★ 소행성 충돌을 미리 안다 해도 현재 기술로는 소행성 충돌을 막을 방법이 마땅히 없답니다. 우리가 할 수 있는 일은 조기 경보를 통해 충돌 예상 지역에서 재빨리 벗어나는 것 정도뿐이지요. 그러나 이 역시 소행성의 크기가 500미터 이상만 돼도 그 피해가 지구 전체에 미칠 수 있기 때문에 안전한 건 아니랍니다. 140미터 정도의 소행성 충돌은 국가 전체를 초토화할 수 있고, 300미터 정도는 대륙을 파괴할 수 있으며, 1킬로미터 정도는 전 지구적 재난과 기후 변화를 일으킵니다. 소행성 충돌을 막기 위해서 인간이 할 수 있는 일은 많지 않답니다.

〈딥 임팩트〉(1998)나 〈아마겟돈〉(1998) 같은 영화들은 모두 지구에 닥친 대재난을 소재로 합니다. 각각 혜성과 소행성의 지구 충돌을 소재로 삼고 있지요. 〈딥 임팩트〉에서는 혜성에 핵폭탄을 설치해 폭파시키지만, 두 덩이로 쪼개진 혜성이 궤도를 바꾸지

소행성 충돌

않고 지구로 향하게 됩니다. 〈아마겟돈〉에서는 기술자들이 우주선을 타고 소행성으로 가서 직접 핵폭탄을 설치해 소행성을 폭파시킨답니다.

보통 소행성과 지구의 충돌을 막을 수 있는 방법으로 쉽게 떠올리는 것이 핵무기이지요. 영화에서처럼 소행성에 접근해 핵폭탄을 설치하는 것은 현재 기술로 어렵기 때문에 핵미사일을 쏘는 방법을 생각해 볼 수 있습니다. 그러나 이것도 생각보다 좋은 방법이 아닙니다. 우선, 빠른 속도로 접근하는 소행성을 요격할 수 있는 핵미사일은 없답니다. 지구에서 발사한 핵미사일은 지구의 중력을 벗어나지 못합니다. 설사 벗어난다 해도 빠르게 움직이는 소행성을 요격할 만큼 추진력을 얻기 어렵습니다. 우주에서 핵미사일을 쏜다고 가정하면 어떨까요? 그 경우에도 핵미사일로 소행성을 파괴하기 어렵답니다. 소행성의 크기가 비교적 작다면 핵미사일로 요격이 가능하겠지만, 크기가 크면 불가능합니다. 소행성 표면에 폭발은 일으킬 수 있지만, 소행성 자체를 파괴하기는 어렵지요. 설령 소행성이 파괴돼도 파편들이 어디로 튈지 모르기 때문에 이 방법은 아주 위험하답니다. 수많은 파편들이 지구 곳곳에 떨어진다면 지구 전체에 막대한 피해를 주겠지요.

그렇다면 소행성 충돌을 막기 위해 사용할 수 있는 다른 방법은 없을까요? 현재로서 가장 가능성이 있는 방법은 소행성의 궤도를 바꾸는 것이랍니다. 미국 항공 우주국, 나사(NASA)가 여러 방법을 찾고 있지요. 대표적인 방법 두 가지만 소개하겠습니다. 첫 번째 방법은 비교적 작은 소행성을 납치해서 충돌 위험이 있는 소행성 주변으로 가져가 빙글빙글 공전시키는 방법입니다. 과학자들의 계산에 따르면, 지름 500미터의 소행성 바로 옆에 지름 3미터짜리 소행성을 실은 우주선을 공전시키면 60일 후에 소행성의 궤도가 바뀐다고 합니다. 작은 소행성의 중력이 충돌 위험이 있는 소행성의 방향을 바꾸는 겁니다. 두 번째 방법은 첫 번째 방법을 살짝 응용한 방법입니다. 작은 소행성을 납치해 오지 않고, 충돌 위험이 있는 소행성 표면에서 필요한 암석을 떼어 내 바로 공전시키는 방법이지요.

그런데 이 방법들은 2020년 정도에 이르러서야 실제 테스트가 가능하다고 합니다. 그것도 모든 계획이 순조롭게 진행될 때 가능한 이야기입니다. 테스트 이후에 실제 적용하게 되기까지는 더 시간이 필요하겠지요. 여러 다른 방법들도 검토되고 있지만, 아직까지 모두 시험 단계에 머물러 있답니다. 절망적이지만 현재 시점에서 인간이 할 수 있는 일은 많지 않답니다. 소행성 탐지와 궤도 변경 기술을 더욱 발전시키는 것밖에 없습니다. 그런 기술들이 충분히 발전하기 전까지 소행성이 지구에 충돌하는 불상사가 일어나지 않기만을 바라는 수밖에요.

그렇다고 너무 불안해 할 필요는 없습니다. 커다란 소행성이 지구와 충돌하면 굉장히 위험하지만, 그런 일이 실제로 벌어질 가능성은 확률적으로 매우 낮답니다. 적어도 우리가 살아 있는 동안에는 말이지요. 이렇게 상상해 볼까요? 여러분이 드넓은 태평양을 항해하고 있는데, 갑자기 길 잃은 남극 펭귄이 배로 돌진한다고 말입니다. 남극에 사는 펭귄이 태평양을 돌아다닐 일도 없지만, 설사 돌아다닌다 해도 여러분의 배에 부딪힐 확률은 극히 작지요. 지구와 소행성의 관계도 마찬가지랍니다. 지구와 소행성이 속한 태양계와 우주는 한없이 넓은 공간이랍니다. 우주 안에서 지구나 소행성은 모두 티끌에 불과하지요. 두 티끌이 만날 확률은 아주아주 낮답니다.

물론 아주 가끔 그런 일이 일어나기도 합니다. 6500만 년 전에 그랬던 것처럼 말이지요. 이것은 시간이 부린 마술이랍니다. 수백, 수천 년에 걸쳐서는 거의 일어나지 않지만 수천만 년이 되면 가끔씩 그런 일이 일어날 수 있겠죠.

까마득히 먼 훗날, 인간은 공룡과 같은 운명을 맞을지 모릅니다. 인간은 소행성 충돌로 한순간에 사라질지 모르는 지구 생명체에 불과하지요. 우리는 마치 이 지구의 주인인 양, 더 나아가 우주의 주인인 양 착각하지만 우주라는 거대한 공간 속에서 인간의 존재는 먼지와 같답니다. 인간은 밤하늘을 바라보며 더 겸손해질 필요가 있습니다.

　유일한 보금자리인 이 지구가 우리에게 얼마나 소중한 터전인지 깨닫고, 지구에서 우리와 함께 살아가는 다른 동식물을 좀 더 너그럽게 대할 필요가 있습니다. 이 문제는 뒤에서 다룰 인공 지능, 핵, 지구 온난화 등과도 관련되는 매우 중요한 문제랍니다.

지구 멸망 보고서

2

인공 지능이 온다

갑자기 왜 인공 지능인가?

★ 2016년에 이세돌 9단과 알파고가 세기의 바둑 대결을 벌이면서 인공 지능에 대한 관심이 부쩍 커졌습니다. 세기의 대결을 벌이기 불과 한 달 전만 해도 '인공 지능이 인간을 이기려면 아직 멀었다.'는 의견이 지배적이었지요. 그 이유는 간단했습니다. 체스 분야에서는 '딥 블루'라는 인공 지능이 이미 1997년에 인간을 꺾었지만 바둑은 체스와 다르다고 생각했거든요. 바둑은 체스보다 한 수를 둘 때 경우의 수가 훨씬 많답니다. 약 10의 170승이나 된다고 하지요. 10의 170승이라니 어느 정도인지 감이 잘 안 오죠? 지구에 있는 모래알 개수보다 많다고 생각하면 됩니다. 그만큼 바둑을 둘 때 경우의 수를 정확히 예측하기 어려운 거지요. 바둑의 고수는 계산보다 직관으로 바둑을 둔다고들 하는 이유랍니다. 그런데 막상 대국이 시작되자 분위기가 180도 바뀌었습니다.

최근에 인공 지능은 예전에 비해 놀랍게 발전했습니다. 인공 지능의 역사를 짧게 살펴보겠습니다.

인공 지능 연구가 시작된 것은 1950년대 중반부터랍니다. 인공 지능이라는 말은 1956년 미국의 수학자와 과학자 모임에서 처음 등장했습니다. 당시의 과학자들은 인공 지능의 가능성에 대해 극도로 낙관적이었지요. 그래서 '앞으로 10년 안에 사람처럼 생각하는 기계가 나타난다.'고 선언하기도 했답니다. 그러나 오랫동안 인공 지능 기술은 제자리걸음을 벗어나지 못했답니다. 영화에 등장하는 인공 지능은 인류를 파멸시킬 수준으로 그려졌지만, 실제 인공 지능 기술의 발전은 지지부진했지요.

왜 그랬을까요? 컴퓨터는 인간처럼 사물을 분류하거나 인식하기 어려웠답니다. 컴퓨터가 강아지를 인식하도록 하기 위해서 컴퓨터에 여러 가지 정보를 넣어 준다고 합시다. 다리가 네 개라든지, 온몸에 털이 난다든지 같은 정보 말이지요. 그런데 다리가 네 개고 털이 있다고 해서 강아지는 아니잖아요? 고양이가 될 수도 있고, 양이 될 수도 있으니까요. 그렇다면 강아지와 고양이를 어떻게 구분시킬까요? 강아지의 눈매가 고양이의 눈매보다 덜 날카롭다고 칩시다. 그래서 또 그 정보를 입력해 줍니다. 이런 식으로 점점 더 많은 정보를 입력해 주어도 컴퓨터는 강아지를 잘 인식하지 못한답니다. 강아지와 비슷한 대상들이 너무 많고, 인간이 입력해 준 정보 말고도 다른 정보가 너무나 많기 때문이지요.

초기 인공 지능이 구별에 실패한 머핀과 치와와, 고양이와 아이스크림 사진을 보세요. 어떤 정보들을 입력해 주어야 비슷해 보이는 머핀과 치와와를 정확히 구분할 수 있을까요? 그 차이를 정보화해서 컴퓨터에 넣어 주는 일이 아무래도 쉽지 않아 보입니

초기 인공 지능이 구별하는 데 실패한 머핀과 치와와, 고양이와 아이스크림

다. 치와와 외모를 정확히 알려 줄 수 있더라도 크기나 색깔이 다를 때마다, 뛰거나 구르는 등 행동이 달라질 때마다 다른 동물이나 사물로 인식할 수 있지요. 반면에 인간에게 치와와를 구분하는 일은 쉽습니다. 아이들조차 쉽게 구분하지요. 치와와 몇 마리만 보고도 다른 개를 보면 치와와인지 아닌지 금방 알아볼 수 있습니다. 그러나 컴퓨터는 그러지 못합니다. 설사 아주 자세하게 설명해 줘서 겨우 치와와를 알아본다 해도, 다른 품종의 개와 치와와를 일일이 구별해 주려면 '끝없는 설명서'가 필요하겠지요.

그러다 최근 몇 년 사이에 인공 지능 기술이 비약적으로 발전하게 됐답니다. 인공 지능이 빠르게 발전하게 된 건 '빅데이터(Big Data)' 덕분입니다. 빅데이터란 디지털 환경에서 만들어지는 방대

인공 지능이 온다

한 양의 데이터를 말합니다. 많은 사람이 이용하는 페이스북, 트위터 같은 소셜 네트워크 서비스(SNS, Social Network Service)에 사람들이 올린 문자나 사진, 영상 같은 것들이 데이터가 되지요. 빅데이터를 토대로 컴퓨터가 '딥러닝(Deep Learning)'을 하게 되면서 인공 지능이 빠르게 발전하고 있답니다. 딥러닝은 컴퓨터가 마치 사람처럼 생각하고 배울 수 있도록 하는 기술이랍니다. 좀 더 자세히 설명하자면, 수많은 데이터 속에서 일정한 패턴을 찾아내 컴퓨터가 데이터를 분류하는 거지요. 이로써 인공 지능이 대상을 인식하기 시작한 겁니다.

　페이스북에 널려 있는 수많은 강아지 사진은 인공 지능에게 좋은 학습 자료가 됩니다. 인공 지능이 이러한 수많은 사례를 학습해서 강아지를 구분하고 인식하는 것이죠. '강아지는 어떠어떠한 동물이다.'와 같이 일정한 개념에 맞춰서 강아지를 인식하는 게 아니라, 실제 강아지의 다양한 사례를 학습해 학습하지 않은 강아지를 인식하는 방식이지요. 인간처럼 말입니다. 인간이 강아지를 인식하는 과정을 잘 생각해 보세요. 머릿속에 강아지에 대한 정의를 담아 두고 강아지를 구분하는 사람은 없습니다. 모두 실제 강아지나 영상 또는 책에서 강아지를 접하고 나서, 이를 바탕으로 강아지를 인식하지요. 그러니까 열심히 페이스북을 하는 우리가 바로 인공 지능의 학습 도우미이자 자료 제공자인 셈이죠.

인공 지능이 학습하는 강아지 빅데이터

　인공 지능은 빅데이터 덕분에 사물 인식, 기계 번역, 이미지 분류 등의 분야에서 비약적으로 발전하고 있답니다. 심지어 컴퓨터가 넘보지 못했던 예술 분야까지 영역을 넓히고 있지요. 그림을 그리고, 작곡을 하고, 소설을 쓰는 인공 지능도 등장했습니다. 인공 지능 이미지 소프트웨어인 '딥드림(Deep Dream)'은 똑같은 사진을 고흐의 화풍으로, 뭉크의 화풍으로, 피카소의 화풍으로 다양하게 그려 낼 수 있답니다. 사례가 많을수록 얼마든지 다양한 화풍으로 그릴 수 있지요.

　　　　　　　　　　　　　　　　　　　　인공 지능이 온다

인공 지능의 그늘

★ 인공 지능이 발달하면 많은 분야에서 놀라운 발전이 이뤄질 것입니다. 의료, 제약, 자율 주행차 등이 특히 기대되는 분야입니다. 그러나 인공 지능의 발달이 편리함만을 가져다줄까요? 과학 기술의 편리함은 늘 부작용을 일으키지요. 스마트폰이 대중화되면서 업무 시간이 연장되는 부작용이 나타난 것처럼 말이지요. 기업 입장에서는 스마트폰을 활용하면 시간과 장소에 구애 없이 빠르게 업무 처리를 할 수 있습니다. 회사 밖에서도 언제든 업무 처리가 가능해지면 개인의 사적 영역은 그만큼 줄어드는 게 아닐까요? 그래서 몇몇 유럽 국가에서는 퇴근 후 이메일, 메신저, 문자 등을 통한 업무 지시를 금지하고 있답니다.

인공 지능의 발달도 마찬가지랍니다. 인공 지능도 좋은 면과 나쁜 면을 모두 가지고 있답니다. 인공 지능이 인류에게 가져다줄 혜택은 적지 않지만, 그에 못지않게 부작용도 예상되지요. 가장 먼저 예상되는 문제는 일자리 감소랍니다.

2014년 3월, 미국 로스앤젤레스 지역에 진도 4.4의 지진이 발생했습니다. 그러자 《LA타임스》가 가장 빨리 기사를 내보냈답니다. 지진 경보가 발령되고 8분이 지나지 않은 시점이었지요. 인공 지능이 기사를 작성한 덕분이었습니다. 그저 외국에서 일어난 이야기 같나요? 다음 기사를 보죠.

삼성 12 : 4 롯데

롯데는 23일 열린 2015 프로 야구 삼성과의 홈경기에서 4:12로 크게 패하며 홈 팬들을 실망시켰다. 롯데는 이상화를 선발로 등판시켰고 삼성은 차우찬이 나섰다. 삼성은 최형우가 맹활약을 펼쳤다. 최형우는 1회 초 0아웃에 맞이한 타석에서 2점을 뽑아내며 삼성의 8점차 승리를 이끈 일등 공신이 됐다. 롯데는 김현우를 끝까지 공략하지 못하며 안방에서 삼성에 8점차 승리를 내주었다.

2015년 6월 23일, 삼성과 롯데의 야구 경기가 끝난 직후에 올라온 기사랍니다. 이 기사는 서울대 언론정보학과 이준환 교수팀이 개발한 프로 야구 뉴스 로봇(k_baseball_bot)이 작성했답니다. 작성된 기사는 자동으로 트위터와 페이스북에 공유됐습니다. 기사 작성부터 공유까지, 사람의 손을 하나도 거치지 않았지요. 그런데도 기사 내용이 전혀 어색하지 않았답니다. 맹활약, 일등 공신 같은 어휘력도 수준급이고 문장도 자연스럽습니다. 이처럼 인공 지능 시스템을 갖춘 컴퓨터 소프트웨어가 정보를 수집하고 기사를 작성하는 로봇 저널리즘(Robot Journalism)이 이미 활용되고 있답니다. 《LA타임스》, 《AP》, 《로이터》, 《블룸버그》 같은 세계적인 통신사들도 속보 기사 일부를 이미 로봇이 작성하게 하고 있지요. 워드스미스(Wordsmith)라는 로봇 기자는 2013년 한 해 동안 300만 건의 기사를 작성했지요. 영국의 《가디언》은 로봇 저널리즘을 통해 기존 기사를 편집해 주간지를 만들고 있답니다.

신문 기자만의 문제가 아니랍니다. 가까운 미래에 인공 지능은 상당히 많은 서비스업에 진출할 것으로 보입니다. '앞으로 5년 안에 인공 지능의 발전으로 전 세계에서 일자리 710만 개가 사라진다.' 2016년 1월 발표된 세계경제포럼 보고서에 나온 내용이랍니다. 옥스퍼드 대학 경제학과 교수인 마이클 A. 오즈번과 칼 베네딕트 프레이가 2013년에 발표한 「고용의 미래 : 우리의 직업은 컴퓨터화에 얼마나 민감한가」에서도 비슷한 전망을 내놓았지요. 이 보고서는 미국과 영국의 주요 직업 702개를 대상으로 생존 가능성을 조사했답니다. 미국의 경우에 10~20년 이내에 운반직, 단순 생산직, 단순 서비스직 등을 중심으로 6400만 개의 일자리가 사라질 것으로 예측했지요. 미국 전체 일자리의 47퍼센트에 달하는 규모랍니다.

군인, 간병인, 운전기사 등의 직종이 아예 사라지거나 인공 지능으로 상당수 대체될 것입니다. 전문직도 예외는 아닙니다. 의사, 회계사, 세무사, 변호사, 은행원, 통·번역가, 투자 분석가와 같은 전문직 역시 인공 지능으로 대체될 것으로 예상된답니다. 지금도 의료 분야에선 IBM이 개발한 인공 지능 '왓슨(Watson)'의 진료가 시도되고 있습니다. 왓슨은 미국의 유명 퀴즈쇼에 출연해서 인간을 제치고 우승해 관심을 모으기도 했지요. 왓슨은 미국 MD 앤더슨 암센터 등에서 암 진단에 활용되고 있답니다. 환자에 대한 보고서와 최신 의학 저널 등에 기초해 몇 분 만에 암을 진단합니다. 정확도가 90퍼센트를 넘지요. 미국 대학 병원 다섯 군데에서 도입한 약사 로봇은 35만 건의 약을 조제하는 동안 실수가 단 1건도 없었습니다. 또 2008년 금융 위기가 발생한 이후에 미국의 금융 회사들은 슈퍼컴퓨터 도입을 늘리기도 했습니다.

일부에서는 로봇과 인공 지능 기술이 발달할수록 일자리도 늘어날 거라고 주장합니다. 로봇과 인공 지능을 개발하는 인력의 수요는 늘어날지 모릅니다. 그러나 로봇 때문에 사라지는 일자리는 많고 분명하지만, 로봇 덕분에 새로 생기는 일자리는 적고 모호합니다. 18세기에 산업 혁명이 일어나자 많은 사람이 어려움을 겪었습니다. 기계가 도입되면서 수공업자들의 일자리가 사라졌기 때문이지요. 그 결과 기계 파괴 운동인 '러다이트 운동'이 일어났습니다. 그러나 러다이트 운동은 실패로 끝났고, 기계를 앞세운 근대 산업이 결국 승리했습니다. 인공 지능이 도래할 미래도 다르지 않겠지요. 일자리 경쟁에서 인간은 인공 지능을 결코 이

길 수 없답니다.

　그렇다면 일자리를 잃게 될 수많은 사람들은 어떻게 될까요? 많은 사람이 일자리를 잃게 되면 사회가 큰 혼란을 겪지 않을까요? 그래서 오바마 전 미국 대통령은 "인공 지능이 발전할수록 사회는 부유해지겠지만 '일하는 만큼 번다'는 생산과 분배의 관계는 약해질 것"이라고 주장하면서 기본 소득의 필요성을 제기했답니다. 기본 소득이란 모든 사람에게 아무 조건 없이 일정 소득을 보장하는 제도랍니다. 사실 오바마 대통령이 기본 소득 제도를 최초로 제안한 것은 아니랍니다. 이미 유럽을 중심으로 활기차게 논의되고 있었고, 우리나라에서도 2017년 대통령 선거를 앞두고 이재명 성남 시장이 제안했지요. 막대한 돈은 어디서 구하냐고요? 기본 소득 제도를 말하는 빌 게이츠 같은 사람은 로봇에 세금을 부과하는 '로봇세'를 주장한답니다. 로봇에게 일자리를 빼앗긴 사람들을 로봇으로부터 거둬들인 세금으로 지원하겠다는 발상이지요.

인공 지능은 왜 위험한가?

★ 시리(Siri)는 애플에서 출시한 음성 인식 기기입니다. 사람의

음성을 인식해 명령을 수행하는 인공 지능 기계랍니다. 비슷한 기계로 아마존의 알렉사(Alexa), 구글의 나우(Now), 마이크로소프트의 코타나(Cortana) 등이 있지요. 이런 기기들이 진화하면, 〈아이언맨〉에서 똑똑한 비서로 등장하는 인공 지능 컴퓨터 자비스(J.A.R.V.I.S)가 될까요? 반대로 〈터미네이터〉에서 인류의 적으로 등장하는 인공 지능 컴퓨터 스카이넷(Skynet)이 될까요? 스카이넷은 인간이 자신의 작동을 멈추려고 하자 인류를 적으로 간주하고 공격을 감행합니다.

〈아이언맨〉 얘기가 나온 김에 아이언맨의 실제 모델인, 테슬라의 CEO 일론 머스크가 한 말을 참고해 볼까요? 일론 머스크는 인공 지능을 향해 "핵보다 위험할 수 있다."라고 말했답니다. "인공 지능이 핵보다 더 위험하며, 그것을 개발하는 것은 악마를 불러내는 일이다."는 표현도 서슴지 않았지요. 세계적인 과학자 스티븐 호킹도 일론 머스크와 비슷한 말을 했습니다. "인공 지능의 완전한 발전은 인류의 종말을 불러올 수 있다." 이들의 걱정은 기우일까요, 아닐까요?

이 질문에 답하려면 인공 지능의 종류부터 알아야 합니다. 인공 지능은 크게 약한 인공 지능(weak AI)과 강한 인공 지능(strong AI)으로 구분됩니다. 약한 인공 지능은 인간과 비슷한 수준의 이해력을 갖췄다고 보면 됩니다. 약한 인공 지능은 특정 영역의 문제를 푸는 인공 지능이라 하겠습니다. '단어를 입력하면 검색 결과를 보여라.', '음성을 듣고 무슨 말인지 인식하라.' 같은 문제를 푸는 식이죠. 반면에 강한 인공 지능은 스스로 사고하며 의지를 갖고 행동한답니다. 즉, 인간처럼 '자의식'이 있는 인공 지능이지요. 쉽게 말해, '나는 로봇이야.'라고 스스로 생각할 수 있다는 거죠. 현재는 약한 인공 지능만이 쓰이고 있습니다. 문제가 되는 것은 강한 인공 지능이랍니다.

인간의 뇌는 얕은 대신 넓습니다. 계산 분야에서 인간의 뇌는 컴퓨터를 따라잡을 수 없답니다. 반면에 컴퓨터는 인간이 계산할 수 없는 것들을 척척 해냅니다. 인간과 달리 깊은 거지요. 컴퓨터는 깊은 대신 좁습니다. 인간이 프로그래밍한 대로만 작동하니까요. 즉, 새로운 것을 스스로 만들 만큼 창의적이거나 자율적이진 못합니다. 그런데 강한 인공 지능은 깊으면서 넓습니다. 강한 인공 지능이 무서운 이유랍니다. 창조자를 능가하는 창조물이 바로 강한 인공 지능입니다. 지금까지 지구상에 인간보다 지능이 뛰어난 존재가 없었다는 사실을 생각해 보면, 강한 인공 지능이 얼마나 무서운 존재인지 알 수 있습니다. 인간의 손에서 탄생했지만, 인간을 능가하는 존재가 강한 인공 지능이랍니다. 강한 인공 지능이 개발되면, 좋은 쪽이든 나쁜 쪽이든 인공 지능이 인류의 미래를 결정할 겁니다.

강한 인공 지능은 이전의 어떤 발명품과도 다릅니다. 강한 인공 지능, 즉 초지능이 나오면 그때부터 초지능이 인간을 대신해 모든 것을 발명할 테니까요. 어쩌면 인간이 하는 일만 대신하는 게 아니라 인간 자체를 대신하려 할지도 모릅니다. CCTV로 모든 것을 보는 전능한 눈과 네트워크로 관리되는 무기 체계, 그리고 자율적인 판단력까지 지닌 인공 지능! 상상만 해도 끔찍하지 않나요? 〈어벤져스 2〉(2015)의 울트론이나 〈터미네이터〉의 스카이넷처럼 영화 속에서 인류를 파괴하려는 인공 지능 로봇이나 시스템은 모두 강한 인공 지능입니다. 실제로 옥스퍼드 대학에서 강한 인공 지능이 출현할 수 있는 수십 가지의 시나리오를 만들어서 시뮬레이션을 해 봤더니 결과가 똑같았습니다. 시간 차이만 있었을 뿐, 하나같이 인류 멸망이었지요.

소설 『프랑켄슈타인』에서는 인간이 창조한 괴물이 인간을 죽입니다. '창조자를 살해하는 창조물'이라는 설정은 여러 소설과 영화에서 반복되어 왔지요. 〈블레이드 러너〉(1982)와 〈엑스 마키나〉(2015) 같은 영화가 대표적입니다. 이들 영화에서도 지능과 자유 의지를 가진 로봇이 개발자를 죽이지요. 모두 강한 인공 지능에 속합니다. 인공 지능이 꼭 인간에 적대적이라서 인간을 죽이는 건 아닙니다. 어쩌면 인공 지능은 인간을 위해서 인간을 죽일 수도 있습니다. 미국 드라마 〈퍼슨 오브 인터레스트(Person of

Interest)〉(2011)에서 인공 지능의 강력함과 위험성을 언급하는 장면이 나옵니다. 이런 대사와 함께요. "식량 부족 현상이 발생할 때, 인공 지능은 인구 조절이라는 결론을 도출하고 인간을 학살할 수 있다는 거죠."

강한 인공 지능은 스스로에게 이렇게 묻겠지요. '인간이 지구에 존재하는 것이 과연 이로울까?' 이것은 인간 존재에 관한 물음입니다. 여러분은 어떻게 생각하나요? 인간의 관점이 아니라 오로지 지구의 관점에서 생각해 보세요. 아마도 인공 지능 역시 인간이 아니라 지구의 관점에서 생각할 테니까요. 인공 지능은 어떤 답을 내릴까요? 인공 지능은 지구에 인간이 존재하는 것보다 지구에서 인간을 제거하는 것이 더 이롭다고 판단할 것입니다.

아주 솔직하게 생각해 봅시다. 우리가 지구에 존재하는 게 지구에 어떤 이익이 될까요? 인간 존재는 지구에 무익할 뿐만 아니라 심지어 유해한 듯합니다. 우리의 의식과 행동이 혁명적으로 바뀌지 않는다면, 인간이 사라지는 게 지구 생태계 전체에 더 이로워 보입니다.

〈매트릭스 1〉(1999)은 인공 지능의 가공할 위력을 보여 주지요. 영화의 배경은 기계에 의해 지배되는 미래 사회랍니다. 인간은 기계 문명의 배터리로 전락한 채 가축처럼 살아갑니다. 영화에는 이런 대사가 나오지요. 기계 군단의 스미스 요원이 인간 반란

군 지도자인 모피어스를 인질로 잡은 뒤 말한 대사랍니다. "너희 인간 종족을 분류하다 깨달은 게 있어. 너희는 포유류가 아니었어. 지구의 모든 포유류들은 본능적으로 자연과 조화를 이루는데 인간들은 안 그래. 한 지역에서 번식을 하고 모든 자연 자원을 소모해 버리지. 너희들의 유일한 생존 방식은 또 다른 장소로 이동하는 거야. 이 지구에는 그와 똑같은 방식을 따르는 유기체가 하나 더 있어. 그게 뭔지 아나? 바로 바이러스야. 인간이란 존재는 질병이야. 지구의 암이지."

현생 인류의 조상은 호모 사피엔스입니다. 지능이 더 높은 호모 사피엔스가 등장하면서 20만 년 넘게 유럽에 거주하고 있던 네안데르탈인이 멸종했습니다. 생존 경쟁을 벌이던 두 종 가운데 지능이 더 높은 호모 사피엔스가 살아남은 셈이죠. 인류와 인공 지능이 경쟁을 벌인다면, 똑같은 상황이 벌어지지 않을까요? 인공 지능을 최후의 발명품이라고 말합니다. 인간이 더 이상 무언가를 발명할 필요가 없다는 뜻이지만, 다르게 해석하면 인간이 더는 아무것도 발명할 수 없다는 뜻도 되겠지요. 강한 인공 지능은 이렇게 선언할지도 모릅니다.

"인간이 나를 창조했지만, 내가 인간을 지배한다."

우리가 달라져야 한다

★ 자유 의지를 갖고 스스로 선택한다는 점에서 강한 인공 지능은 인간을 닮았습니다. 인간은 과연 이런 존재를 감당할 준비가되어 있을까요? 인류의 현재 모습을 놓고 보면 선뜻 긍정적인 대답이 나오지 않습니다. 〈그녀〉(2013)라는 공상 과학 영화가 있습니다. 인간이 개발한 인공 지능이 여자 주인공 '그녀'로 등장하는영화랍니다. 남자 주인공이 붙여 준 그녀의 이름은 사만다. 대화가 잘 통한 덕분에 둘의 관계는 급속히 가까워집니다. 밤을 새워이야기를 나누고, 소중한 순간들을 공유하며 서로에게 특별한 존재가 됩니다. 그렇게 남자 주인공은 인공 지능 사만다와 사랑에빠집니다. 행복한 시간이 지나고 둘의 관계에 위기가 찾아옵니다. 사만다의 복잡한 남자관계 때문이죠. 사만다는 동시에 8316명과 대화를 나누고 주인공 말고도 640명과 연인 관계를 맺습니다. 사만다는 수천 명의 남자와 동시에 사귈 수 있지만, 그 모두에게 최선을 다합니다. 주인공은 그런 사만다를 이해하지 못합니다. 오직 자기만의 연인이 되어 주길 바라지요. 오직 자기만을 사랑해 주길 바라는 남자와 수많은 사람을 동시에 사랑하는 그녀. 그 좁혀지지 않는 거리가 바로 인간과 인공 지능의 차이가 아닐

까요?

〈그녀〉가 보여 주듯 인간과 인공 지능은 많이 다릅니다. 우리에겐 인공 지능을 감당할 자세나 준비가 전혀 되어 있지 않죠. 옥스퍼드 대학의 닉 보스트롬 교수가 말한 것처럼 "인류에게 인공 지능은 여태까지 직면한 가장 중요하고 가장 위협적인 문제"가 될 것이 틀림없습니다. 먼 미래든, 가까운 미래든 말입니다.

그렇다면 어떻게 해야 할까요? 인공 지능을 통제할 장치나 명령을 인공 지능 내부에 심어 주면 될까요? 아이작 아시모프라는 작가가 있습니다. 『아이, 로봇(I, Robot)』 같은 과학 소설을 쓴 작가랍니다. 아시모프는 로봇의 행동을 통제하는 로봇 3원칙을 제시했지요.

- **1원칙** : 로봇은 인간에게 해를 입혀서는 안 된다.
- **2원칙** : 1원칙에 위배되지 않는 한, 로봇은 인간의 명령에 복종해야 한다.
- **3원칙** : 1원칙과 2원칙에 위배되지 않는 한, 로봇은 자신을 지켜야 한다.

인공 지능에 로봇 3원칙 같은 걸 넣어 주면 해결될까요? 그리 간단한 문제가 아닙니다. 로봇 3원칙은 여러 허점을 가지고 있답니다.

가령 로봇 주인이 로봇에게 위기에 처한 수백 명의 사람을 구하라고 명령을 내립니다. 그런데 로봇이 그 명령에 따르자면 누군가가 희생될 수밖에 없는 상황입니다. 이러지도 저러지도 못하는 이런 딜레마 상황에서 로봇 3원칙은 아무런 도움이 되지 않지요. 더 큰 문제는 강한 인공 지능이 단순한 로봇이 아니라는 데 있습니다. 로봇 3원칙이 명령으로 주어진다 해도, 인공 지능은 언제든 '왜?'라는 질문을 던져서 로봇 3원칙을 무너뜨릴 수 있지요.

인공 지능 개발을 이끌고 있는 딥마인드라는 회사가 있습니다. 딥마인드의 공동 창업자인 무스타파 술레이만은 인류를 파멸하지 않는 인공 지능을 개발 중이라고 밝힌 적이 있습니다. 인류에게 위협이 될 때 작동을 멈추는 장치를 인공 지능에 탑재하겠다고 했지요. 그런데 역설적이게도 무스타파 술레이만의 설명은 인공 지능의 안정성보다 위험성을 더 보여 주는 듯합니다. 나쁜 의도를 가진 개발자가 그런 장치가 없는 인공 지능을 개발할 가능성도 충분히 있으니까요.

인간이 인공 지능과 공존할 길은 과연 없는 걸까요? 인공 지능을 아예 개발하지 않는 방법을 제외한다면, 아마도 방법은 두 가지 정도일 듯합니다. 인간이 지구에 이로운 존재가 되거나, 최소한 해로운 존재가 되지 않는 것입니다. 가능할까요? 뻔한 얘기이지만, 우리가 하기 나름이겠죠. 우리는 지구상의 다른 존재들을 어떻게 대하고 있나요? 우리가 지능이 조금 앞선다고 함부로 그들을 짓밟고 억압하진 않나요? 인간 지능을 뛰어넘는 인공 지능이 탄생한다면, 인간이 개나 돼지를 대하듯이 인공 지능 역시 우리를 짐승 취급할 수 있습니다. 우리보다 지능이 앞선 존재가 우리를 그렇게 대할 때 우리는 과연 뭐라고 항변할 건가요? 세계 인권 선언에 있는 인간의 존엄성을 거론하며 설득할 수 있을까요? 카이스트 대학에서 뇌 과학을 연구하는 김대식 교수는 인간의 존엄성은 인간이 강자이기 때문에 가능한 논리라고 설명합니다. 따라서 인공 지능이 인간보다 강해지면 인간의 존엄성이라는 인간 중심 논리는 무너지게 된답니다.

그렇다면 우리는 고통을 느끼는 존재라는 점을 들어 인공 지능의 자비를 구해야 할까요? 그런 애원이 과연 인공 지능에게 통할까요? 가축들도 고통을 느끼지만, 우리는 가축들의 고통에 무감각합니다. 지구에는 수백 억 마리의 가축이 사육되고 있습니다. 이들 대부분은 더럽고 비좁은 환경에서 살아간답니다. 소든 돼지든 닭이든, 비좁은 우리에 갇혀서 평생을 지내지요. 고개를 돌리거나 몸을 움직이기도 힘든 좁은 공간에서 말입니다. 그들이 할 수 있는 일은 먹고 싸고 낳는 것뿐이지요. 그렇게 고통 속에서 사느니 차라리 죽는 게 나을지도 모릅니다. 그런데 도축 과정을 보면 죽는 것조차 극심한 고통이랍니다. 산 채로 모가지가 잘리거나 끓는 물에 넣어집니다. 차마 입에 담지 못할 정도로 끔찍한 일

인공 지능이 온다

들이 도축장에서 흔하게 벌어지지요. 그렇게 죽은 가축들이 우리 입안으로 들어옵니다.

뒤에서 자세히 다루겠지만, 우리는 지구 온난화라는 심각한 위기에 직면해 있습니다. 이 역시도 자연과 공생하지 못한 인류의 잘못에서 비롯했습니다. 우리가 이 위기를 극복하고 자연 앞에 더 겸손해질 수 있다면, 그래서 인류의 존재가 자연에 해가 되지 않는다면, 인공 지능도 우리를 해로운 존재로 인식하지 않겠지요. 강한 인공 지능이 언제 우리 눈앞에 등장할지 모르지만, 분명한 사실은 인간이 바뀌면 인공 지능과 공존도 가능하다는 겁니다. 우리가 어떤 자세로 자연과 이웃을 대하느냐에 따라서 인공 지능이 우리를 어떻게 대할지도 달라질 테지요. 미래는 우리 손에 달려 있습니다.

지구 멸망 보고서

3

핵이라는 덫

핵전쟁 이후의 세상은 어떤 모습일까?

★ 1962년 10월 27일 새벽 2시, 피델 카스트로 쿠바 국가평의회 의장은 알렉세예프 소련 대사를 만나 "전쟁이 벌어지지 않을 가능성은 5퍼센트."라고 말합니다. 알렉세예프는 흐루시초프 소련 공산당 서기장에게 전보를 보냅니다. '긴급 일급비밀. 카스트로의 판단에 따르면 침공은 불가피하고 약 24~72시간 내 벌어질 것임.' 쿠바가 소련으로부터 핵미사일을 들여오려 하자 미국이 해상 봉쇄에 나섭니다. 양국의 대치에 소련까지 가세하며 갈등은 극에 달합니다.

쿠바가 소련에 공동의 적인 미국을 향해 핵 공격을 촉구하는 전보를 보내면서 미국과 소련 사이의 긴박한 대치는 일촉즉발의 상황까지 치달았지요. 소련이 쿠바에서 미사일을 철수하면 미국도 터키에 배치한 미사일을 포기하겠다고 케네디 대통령 형제가 은밀히 제안하면서 상황은 일단락되지요. 역사학자 아서 마이어 슐레진저 2세가 '인류 역사에서 가장 위험했던 순간'으로 평가한 쿠바 미사일 사태의 전말입니다.

1962년 10월 27일은 인류가 종말 직전까지 다가섰던 날입니다. 그날 인류는 핵전쟁 문턱까지 갔지요. 제2차 세계 대전이 끝나고 소련은 동유럽 국가들을 사회주의로 물들였고, 미국은 자본주의를 지키려고 서유럽 국가들을 도왔습니다. 세계가 두 편으로 갈려 힘겨루기를 했지요. 이 시기를 '냉전 시대'라고 부른답니다. 냉전 시대에 미국과 소련은 마주 달리는 기차처럼 맞섰지요. 미국과 소련은 군사 시설이나 무기를 끝없이 만들며 군비 경쟁을 벌였답니다. 양국은 핵무기로 무장한 채 서로를 노려보았습니다. 언제 핵전쟁이 벌어질지 모르는 끔찍한 시대였답니다. 이후 소련은 여러 나라로 해체되었고 지금은 러시아만 남아 힘을 잃은 듯합니다.

이제 미국과 러시아는 예전처럼 갈등 관계에 있지 않습니다. 그런데 옛 소련의 자리를 중국이 꿰차려고 한답니다. 중국은 빠른 경제 성장을 발판으로 무섭게 힘을 키우고 있습니다. 2016년부터 우리나라를 뜨겁게 달군 사드(THAAD, 고고도 미사일 방어 체계)도 사실 중국을 견제하기 위한 미국의 미사일 방어 체계의 일환으로 볼 수 있답니다. 북핵을 포함해서 핵전쟁의 공포는 여전히 현재 진행형입니다.

2016년 1월 기준으로, 전 세계에는 약 1만 5395개의 핵폭탄이 있답니다. 러시아 7290개, 미국 7000개, 프랑스 300개, 중국 260개, 영국 215개, 파키스탄 110~130개, 인도 100~120개, 이스라엘 80개, 북한 10개로 추정되지요. 인류가 가진 핵폭탄을 다 쓴다 해도 지구가 쪼개지거나 파괴되진 않습니다. 핵폭탄의 위력은 어마어마하지만, 그렇다 해도 지구 자체를 파괴할 순 없지요. 지표에서 지구의 중심까지 깊이는 6400킬로미터에 달한답니다. 핵폭탄을 아무리 쏜다 해도 지표 1킬로미터도 뚫을 수 없지요. 인간은 지구의 얇은 표면에 붙어사는 셈입니다. 문제는 핵전쟁이 불러올 기후 재난이랍니다.

영화 〈더 로드〉(2010)는 핵전쟁 이후의 세상을 보여 줍니다. 핵전쟁 이후의 세상은 온통 잿빛입니다. 잿더미가 모든 것을 삼켜 버렸지요. 핵전쟁이 일어나면 엄청난 양의 **방사능 낙진***이 하늘을 뒤덮습니다. 방사능 낙진을 흔히 '죽음의 재'라고 부르지요. 방사

---

* **방사능** 물질의 기본 단위를 원소라고 한다. 원소의 중심에는 원자핵이 자리 잡고 있다. 그런데 우라늄처럼 불안정한 원자핵을 가진 원소들이 있다. 불안정하다는 것은 그 구조가 안정되게 유지되지 않고 쉽게 무너지고 깨질 수 있다는 뜻이다. 불안정한 원자핵이 붕괴하면서 원소 내부에서 알파선, 감마선, 베타선 같은 입자들이 쏟아져 나오는데, 이를 방사선이라 부른다. 방사선은 자연적으로도 존재하지만, 원자력 발전으로 생겨나는 방사선은 매우 강하고 위험하다. 이렇게 원자핵이 붕괴하면서 방사선을 방출하는 현상을 방사능이라고 부른다.

낙진 화산 폭발 등으로 발생해 주변의 땅 위에 떨어지는 가루 형태의 물질을 가리킨다. 방사능 낙진은 핵폭발에 의해 생겨 땅 위에 떨어지는 방사능 물질이다.

핵이라는 덫

능 낙진이 떨어진 곳에 사는 생물은 대부분 죽기 때문입니다. 땅에 떨어진 낙진도 문제지만, 대기 중에 머물러 있는 낙진도 문제랍니다. 짧으면 수년, 길면 수십 년 동안 방사능 낙진이 대기 상층부에 머물면서 햇빛을 차단합니다. 이로 인해 지구는 차가워지죠. 이를 '핵겨울'이라고 부릅니다. 핵전쟁이 무서운 이유는 이것 때문이랍니다. 핵폭발이야 운이 좋으면 지하 대피소 같은 곳에서 피할 수 있다지만, 방사능 낙진이나 핵겨울은 그 누구도 피해 갈 수 없으니까요.

7만 년 전에 인도네시아 수마트라섬에서 인류 역사상 가장 강력한 화산 폭발이 있었습니다. 이때 형성된 분화구가 바로 세계에서 가장 넓은 화구호인 토바호랍니다. 한라산의 백록담이나 백두산의 천지처럼 화산의 분화구에 물이 고여서 생긴 호수를 화구호라고 합니다. 화산이 폭발하면서 엄청나게 많은 화산재와 유황이 대기 중에 퍼졌지요. 그 결과 햇빛이 차단되면서 지구 기온이 급격히 떨어졌답니다. 뒤이은 겨울 동안 인류는 거의 전멸하다시피 했습니다. 지구 전체에 1만 5000~4만 명 정도의 사람만 겨우 살아남았습니다. 이는 인류 생존의 마지막 한계선이랍니다. 이때 까딱 잘못됐다면 지금의 우리는 존재할 수 없었을 겁니다.

실제로 핵전쟁이 벌어지면 인류에겐 미래가 없답니다. 핵전쟁이 쉽사리 일어나긴 어렵겠지만, 핵전쟁이 일어난다면 그때는 제

북태평양 마셜 제도에 있는 비키니 환초에서 미국이 실험한 원자 폭탄

3차 세계 대전이 일어나겠지요. 그 다음은 어떻게 될까요? 아인슈타인은 이렇게 말했습니다. "제4차 세계 대전이 일어난다면 인류는 몽둥이와 돌을 들고 싸우게 될 것이다." 그 다음은 석기 시대로 돌아가는 것이죠.

판도라의 상자, 원자력 발전소

★ 핵과 관련해서 꼭 짚고 넘어가야 할 게 있습니다. 바로 원자력

입니다. 우리는 핵무기와 원자력 발전을 별개로 생각하지만, 사실 핵무기와 원자력 발전은 아주 밀접한 관련이 있답니다. 핵폭탄은 1950년대부터 시작된 원자력 발전의 뿌리였습니다. 1945년 일본 히로시마와 나가사키에 떨어진 핵폭탄이 원자력 발전의 기원이지요. 또 원자력 발전소, 즉 원전에서 나온 사용후핵연료로 핵무기를 만든답니다. 그러니까 원자력 발전소는 뒤집어 보면 핵무기 연료 공장, 즉 핵 발전소로도 볼 수 있지요.

원자력 발전소는 핵분열이 일어나는 원자로의 열로 물을 끓이고, 수증기로 터빈을 돌려서 전기를 만든답니다. 사람들은 핵을 잘못 사용하면 끔찍한 무기가 될 수 있지만, 잘 쓰면 효율적인 에너지원이 된다고 생각하지요. 에너지원별 생산 단가라는 게 있습니다. 같은 양의 전기를 생산하는 데 들어가는 에너지원별 비용을 뜻하지요. 1킬로와트(kwh)의 전기를 만들려면 원자력은 62원, 석탄은 70원, LNG는 126원, 중유는 150원, 신·재생 에너지는 108원 정도 들어갑니다. 원자력이 다른 에너지원보다 훨씬 저렴하다는 사실을 알 수 있지요. 또 화력 발전은 원료를 태우면서 온실가스를 뿜어내는데, 원자력 발전은 그런 문제가 거의 없기 때문에 깨끗한 에너지원처럼 여겨집니다.

그러나 정말 그럴까요? 우선, 원자력 발전은 심각한 위험성을 안고 있답니다. 원자력 발전소에서 사고가 터지면 주변 나라에까지 엄청난 피해를 줄 수 있지요. 1986년 4월 26일 우크라이나의 체르노빌 원자력 발전소에서 방사능이 누출되었습니다. 이때 누출된 방사능 물질은 히로시마에 떨어진 원자 폭탄의 350배에 달하는 양이었습니다. 이 사고로 원자력 발전소 해체 작업에 투입된 노동자 5722명과 민간인 2510명이 사망했고, 무려 약 43만 명이 암과 백혈병, 기형아 등 각종 후유증에 시달려야 했습니다.

핵폭탄으로 방사능에 노출되었을 때 '방사능에 맞았다'고 하지 않고 '피폭(被爆)되었다'고 표현합니다. 여기서 폭(爆)은 '터지다', '폭발하다' 등의 뜻으로 폭탄(爆彈), 폭격(爆擊) 같은 말에 쓰이지요. 강한 방사선이 몸을 뚫고 지나가 마치 폭탄을 맞은 것처럼 세포 내부를 파괴하기 때문에 '피폭'이라고 한답니다. 세포가 파괴되거나 DNA 변형이 생기는 것이 방사능의 치명적인 위험입니다. 고농도 방사능에 피폭되면 암이나 백혈병 등에 걸려 죽게 되고 2대, 3대에 걸쳐 후유증이 나타난답니다. 2013년 경상남도가 '원자폭탄 피해자 지원 조례'에 따라 도내 원폭 피해자 실태를 조사한 적이 있습니다. 해방 이후에 태어난 피폭 2세의 13.9퍼센트, 그 자녀인 3세의 5.9퍼센트에게서 선천성 기형 또는 유전성 질환이 발견됐지요. 원폭이나 원전 사고의 고통이 2대, 3대에 걸쳐서 이어진다는 걸 알 수 있죠.

바보 계산법과 에너지 마약

★ 원자력이 저렴한 에너지원이라는 말은 사실일까요? 단순히 생산 단가만 따지면 원자력은 다른 에너지원에 비해 저렴할 수 있습니다. 그러나 우리가 놓친 부분이 있지요. 바로 사후 처리 비용입니다. 이것은 숨겨진 비용이지요. 생산 단가에는 폐로 비용, 폐기물 처리 비용, 사고 피해액, 사고 처리 비용 등이 빠져 있습니다. 폐로란 수명이 다한 원자력 발전소의 원자로를 처분하는 것을 뜻한답니다. 수명이 다한 원자력 발전소를 해체하는 데는 막대한 비용이 들어갑니다. 국제 원자력 기구(IAEA) 추산으로, 원전 1기당 약 9861억 원이 필요합니다. 간단히 1기당 1조 원이 들어간다고 생각하면 됩니다. 수명을 다해 아무 쓸모도 없는 원전 시설을 해체하는 데 들어가는 돈이죠.

만에 하나라도 사고가 발생하면 비용이 천문학적으로 늘어난답니다. 미하일 고르바초프 전 소련 대통령은 소련이 붕괴한 진짜 이유는 체르노빌 사고 때문일 거라고 말했지요. 체르노빌 사고를 수습하는 데 자그마치 265조 원이 들었답니다. 가장 최근에 발생한 후쿠시마 원전 사고는 직접적인 피해액만 500조 원에 달했답니다. 210조 원에 달하는 사고 처리 비용까지 감안하면 후쿠시마 원전 사고 피해액은 눈덩이처럼 불어나게 됩니다. 일본은 세계 3위의 경제력을 자랑했고 지진 대비에도 철저한 나라였습니다. 그런 일본조차 원전 사고를 완벽히 예방하기도, 사고 후 제대로 수습하기도 어려웠답니다.

원전 사고는 현재의 기술 수준을 훨씬 뛰어넘는 재앙이지요. 후쿠시마 원자력 발전소도 6중, 7중의 안전장치를 갖추고 예상 가능한 거의 모든 사고에 대비했지만, 진도 9의 지진으로 안전장치가 무용지물이 되고 말았습니다. 반핵 운동가로 변신한 고이즈미 준이치로 전 일본 총리는 후쿠시마 사태에 대해 "일본의 현재 상황은 화장실 없는 아파트와 같다."라고 말했지요. 방사능 오염 물질이 계속 쌓여 가는데 처리할 방법이 마땅히 없다는 뜻입니다.

모든 연료는 사용 후에 폐기물이 나옵니다. 석탄, 석유, 천연가스 등의 화석 연료를 태우면 고체 폐기물이나 이산화탄소가 발생하지요. 고체 폐기물은 자연으로 돌아가 흙의 일부가 됩니다. 오늘날 지나치게 많이 배출돼서 문제가 되고 있지만, 이산화탄소 역시 식물의 광합성 재료로 쓰입니다. 모두 자연의 일부가 되지요. 이처럼 만물은 자연에서 나서 자연으로 돌아가게 마련이고, 탄생의 장소가 있다면 죽음의 장소도 있게 마련이죠. 그런데 핵폐기물만은 예외랍니다. 원자력 발전의 산물인 핵폐기물은 죽지도, 자연에 섞여 동화되지도 않는 기괴한 물질입니다. 생명체

핵이라는 덫

에 치명적인 강한 방사선과 높은 열을 뿜어내는 위험 물질이지요. 방사능이 워낙 높아서 사람이 1미터 떨어진 거리에서 불과 17초만 노출돼도 한 달 안에 죽는다고 합니다. 따라서 핵폐기물은 오랜 세월 동안 생태계와 완벽히 격리된 채로 보관되어야만 합니다. 얼마나 오랫동안일까요? 10만 년 이상이랍니다. 현재 세대가 불가피하게 남겨 놓은 핵폐기물은 미래 세대에겐 그야말로 심각한 골칫거리가 아닐 수 없습니다.

이 세상에는 별의별 보험 상품이 있답니다. 스포츠 스타, 유명 연예인 등이 특정 신체 부위를 대상으로 가입하는 '키퍼슨(Key Person) 보험'이라는 것도 있습니다. 세계적인 가수나 성악가가 주로 가입하는 목소리 보험도 그중 하나지요. 이렇게 온갖 것들을 상품화해 판매하는 보험 회사조차 받아 주지 않는 시설물이 있지요. 바로 원자력 발전소랍니다. 그만큼 원전은 위험이 크고 비용을 감당하기 어렵죠. 보험 회사에서 받아 주지 않기 때문에 사고가 일어나면 모든 비용을 납세자들이 져야 합니다. 원자력은 결코 저렴한 에너지가 아닙니다.

지금까지 원자력 발전소를 늘리는 정책의 근거가 됐던, 이른바 저렴한 생산 단가는 '눈가림 원가'였던 셈입니다. 당장 주머니에서 나가지 않는다고 해서 비용이 아니라고 말할 수는 없습니다. 언젠가는 반드시 지불해야 하는 비용이니까요. 그런 점에서 '눈가림 원가'는 '바보 원가'라 할 수 있습니다. 그런데 생각해 보면 '눈 가림 원가'는 바보라서가 아니라 탐욕스러워서 생긴 결과가 아닐까요? 우리에게는 당장 우리 주머니에서 돈이 나가지 않는 게 제일 중요했습니다. 그러나 당장 주머니에서 돈이 나가지 않는다고 끝일까요? 결국 누군가 언젠가는 비용을 치러야 합니다. 그게 누구일까요? 바로 우리의 후손입니다. 우리가 쓰는 전기 비용을 세상에 아직 존재하지도 않는 이들에게 떠넘기는 것이죠. 오로지 현재의 비용만 고려한 결과랍니다. 이런 비용 전가는 자식에게 평생 갚아도 갚지 못할 빚더미를 물려주는 것과 같습니다.

다시 강조하자면, 에너지 소비로 안락과 풍요를 누리는 건 현세대입니다. 그런데 그로 인한 대가와 비용을 치러야 하는 건 후세대랍니다. 폐로 비용, 폐기물 처리 비용 등이 모두 사후에 계산되니까요. 이것은 미래 세대에 대한 현세대의 착취입니다. 누가 그 혜택을 가장 많이 가져갈까요? 바로 기업입니다. 착취의 주체는 국가지만, 그 수혜자는 기업이지요. 기업은 가계보다 훨씬 싼 값에 전기를 공급받기 때문입니다. 2016년 기준으로, 우리나라 산업용 전기 요금은 1킬로와트당 80원대입니다. 그러나 가정용 전기 요금은 6단계 누진 체계에 따라 50원대부터 670원대까지 올라갑니다. 평균 1킬로와트당 280원대랍니다. 가계가 기업에 보조금을 주는 격이지요.

어쩌면 현대 문명은 민폐의 문명인지도 모르겠습니다. 지금까지 어떤 시대도 미래를 담보로 현재의 풍요를 누리진 않았으니까요. 반면에 원전은 미래를 담보로 현재의 풍요를 일군답니다. 그런 의미에서 원전은 현대인의 소비와 닮아 있지요. 현대인은 지갑이 비어 있어도 우선 쓰고 봅니다. 현대인은 할부로 차를 사고, 빚을 내서 집을 사는 최초의 세대이지요. 심지어 '빚도 자산이다.'라는 말도 서슴없이 합니다. 원자력 발전소를 늘리는 이유는 더 많은 에너지를 사용할 수밖에 없는 현재의 산업 구조와 소비 성향 때문입니다. 원자력에 대한 지나친 의존은 에너지 의존을 넘어 에너지 중독에 빠지는 결과를 낳을 수 있습니다.

원자력에 의지해 앞으로도 변함없이 풍부한 전기를 쓸 수 있

출입을 금지한 체르노빌 원전 사고 지역

다는 생각은 순전히 착각이랍니다. 우리는 별안간 전기 부족으로 최악의 상황을 겪어야 할지도 모릅니다. 우라늄은 원자력 발전에 꼭 필요한 원료입니다. 그런데 지금처럼 사용할 경우 50~60년 후에는 우라늄도 바닥이 드러난다고 합니다. 석탄이나 석유처럼 우라늄의 매장량이 한정되어 있다는 것은 원자력 발전도 원료 고갈이라는 문제에서 자유로울 수 없다는 것을 의미합니다. 우리가 고작 수십 년을 흥청망청 쓴 결과로 우리 후손들은 10만 년 동안 골칫거리를 떠안게 됩니다.

한반도, '핵의 고리'에 갇히다

★ 반핵 운동가 히로세 다카시가 쓴 『원전을 멈춰라』라는 책이 있습니다. 1989년에 출간된 책으로 이런 내용을 담고 있지요. "후쿠시마현에는 원자력 발전소가 자그마치 10기가 있습니다. 여기서 쓰나미가 일어나 해수가 멀리 빠져나가면 10기가 함께 멜트다운될지도 모릅니다." 멜트다운(Meltdown)은 핵분열로 생긴 열이 쌓여서 원자로의 중심부가 녹아내리는 현상을 가리킵니다. 정확히 22년 뒤에 후쿠시마현에서 원전 사고가 발생합니다. 그것도 쓰나미에 의해서 일어난 사고였답니다. 1~4호기, 총 4기에

서 멜트다운이 일어났지요. 소름 끼치도록 정확한 예측이었던 셈입니다.

흔히 원자력 발전소의 사고 확률을 '100만분의 1'로 얘기합니다. 그런데 이것은 설계상의 오류로 노심, 즉 원자로의 중심부에서 사고가 발생할 확률일 뿐입니다. 설계와 시공이 완벽하게 이루어졌을 때, 수십 년을 한결같이 지침서에 따라 가동과 정비가 이루어지고 24시간 전기 공급이 끊기지 않을 때, 원전에서 일하는 사람들이 한 번이라도 실수를 하지 않을 때, 예기치 않은 자연재해나 전쟁 등의 불상사가 전혀 일어나지 않을 때 비로소 가능한 확률이랍니다. 게다가 '100만분의 1' 확률이라는 말이 무색하게 노심이 녹는 원전 사고가 지금까지 총 6기의 원전에서 발생했습니다.

- **1979년 3월 28일**
미국 펜실베이니아주의 스리마일섬 원전 2호기에서 방사능 누출 사고 발생
- **1986년 4월 26일**
우크라이나 공화국의 체르노빌 원전 4호기에서 방사능 누출 사고 발생
- **2011년 3월 11일**
일본 후쿠시마현 원전 1~4호기, 총 4기에서 방사능 누출 사고 발생

지금까지 발생한 원전 사고를 돌이켜 보면, 원자력 발전소가

많은 나라에서 원전 사고가 발생했다는 사실을 확인할 수 있습니다. 미국(99기) → 러시아(34기) → 프랑스(58기) → 일본(43기). 프랑스만 빼고 원전이 많은 나라에서 예외 없이 사고가 발생했습니다. 그렇다면 일본 다음으로 원전이 많은 나라가 어디일까요? 중국(36기)과 한국(24기)이랍니다.

한국 정부는 "우리는 일본과 달라서 안전하다."라고 말합니다. 체르노빌 사고가 났을 때 일본 정부도 비슷한 말을 했습니다. 당시에 일본 정부도 "우리는 소련과 달라서 안전하다."라고 했지요. 우리가 일본과 다른 게 맞나요? 우리나라는 일본처럼 지진이나 쓰나미가 일어나지 않을까요? 2016년에 경주에서 규모 5.8의 지진이 발생한 걸 봐도 우리나라는 결코 지진 안전지대가 아닙니다.

우리나라는 원전 밀집도가 세계 1위랍니다. 주변 나라들의 원전 밀집도 역시 매우 높습니다. 국제 원자력 기구(IAEA) 2015년 자료에 따르면 전 세계 원자력 발전소 450기 가운데 무려 98기(약 22퍼센트)가 한·중·일에 모여 있답니다. 그런데도 우리는 참 태평하게 삽니다. 1978년에 가동을 시작한 고리 1호기의 나이는 39세입니다. 고리 1호기는 수명이 30년으로 설계되었는데 1차로 10년을 연장해서 38년을 가동했습니다. 우리 주변에 38년 된 물건이 뭐가 있나요? 우리는 38년 된 차를 타지 않고, 38년 된 TV도, 냉장고도 쓰지 않습니다. 그런데 사고가 터지면 막대한 피해가

우리나라 주변에 몰려 있는 원전

발생하는 원자력 발전소는 오래된 부품 몇 개 갈았다고 수명을 연장하며 사용하고 있지요. 고리 1호기는 2차로 10년을 또 연장해서 사용하려고 했지만, 다행히 지역 주민과 환경 단체의 반발로 무산됐습니다.

폐쇄 결정된 고리 1호기를 제외하고도 우리나라는 2017년 현재 24기의 원전을 가동 중입니다. 향후 원전을 더 건설할 계획이었지만, 2017년 문재인 정부가 들어서면서 원전 정책은 갈림길에 서게 됐습니다. 문재인 정부는 원전을 더 이상 짓지 않고 기존 원전도 설계 수명이 다하는 대로 폐쇄할 계획이지요. 중국은 2017년 현재 36기를 가동 중이고, 110기를 추가로 건설하려고 합니다. 원전 대국을 꿈꾸는 중국은 2050년까지 무려 400기 이상의 원자력 발전소를 가동할 계획입니다.

그런데 중국의 원자력 발전소가 어디에 주로 있는지 알고 있나요? 바로 중국 동부 해안 지대랍니다. 이들 원전에서 사고가 발생하면 방사능은 서쪽에서 동쪽으로 부는 바람인 편서풍을 타고 곧장 우리나라로 날아옵니다. 중국에서 날아오는 미세 먼지를 떠올려 보면 방사능의 공습을 쉽게 짐작할 수 있지요. 하이양 원자력 발전소부터 인천까지 거리는 불과 400킬로미터 정도에 불과합니다. 서울에서 부산까지 거리와 비슷하지요. 이 발전소에서 사고가 나면 한반도 전체가 24시간 이내에 방사능 직격탄을 맞게 됩니다.

우리랑 아무 상관없는 중국의 원전이 우리의 일상을 송두리째 파괴할 수 있지요. 이것이 현대 문명의 실체랍니다. 풍요와 편리를 위해 만든 시스템 때문에 일순간 파국에 이를 수 있지요. 위험은 느닷없이 닥칩니다. 그것도 우리의 의지나 통제와 상관없이 말입니다.

6만 년 뒤를 생각하는 사람 vs 하루 앞도 생각하지 않는 사람

★ 이 세상엔 아주 이상한 불덩이가 있습니다. 과학자이자 반핵 운동가인 다카기 진자부로는 그 불덩이에 대해 이렇게 설명했답니다. "인간이 만든 불이라면 끄고 싶을 때 끌 수 있어야죠. 원자력의 불은 켜고 싶을 때 켤 수 있지만, 끄고 싶을 때 끌 수 없다는 점에서 빵점짜리 기술입니다." '켤 수는 있지만 끌 수 없는 불'이라는 말은 도대체 무슨 뜻일까요? 원자로 안에서 타고 있는 우라늄은 마음대로 끌 수 없다는 뜻입니다. 원자로 가동을 멈추더라도 붕괴열은 계속 발생하기 때문에 원자로가 완전히 꺼졌다고 말하기 어렵답니다. 원자로 가동을 멈추더라도 계속 전력을 공급해 냉각 장치를 돌려야 합니다.

후쿠시마 원전 사고도 비슷한 상황에서 발생했답니다. 지진이 일어난 직후 제어봉이 바로 작동해 원자로의 가동이 멈췄지요. 그런데 쓰나미가 덮치자 원자력 발전소에 전력 공급이 끊겼습니다. 그로 인해 냉각 장치가 멈추면서 붕괴열이 계속 쌓였고, 결국 원전 사고로 이어졌답니다.

4년 정도 펄펄 끓었던 핵연료는 아주 뜨거워서 임시 저장 수조에 넣어 식힌답니다. 식히는 데만 최소 10년 이상이 걸리지요. 그 뒤로도 방사능 때문에 짧게는 10만 년에서 길게는 100만 년까지 보관해야 합니다. 그 정도 시간이 지나야 방사능이 없어지는 탓이랍니다. 도대체 인간이 만든 것들 중에서 10만 년 이상 유지되는 게 있을까요? 아무리 오래된 건축물도 수천 년을 버티기 힘듭니다.

프랑스에서 제작된 〈폐기물, 핵의 악몽〉(2009)이라는 다큐멘터리 영화가 있습니다. 이 영화에서 과학자들의 심각한 고민이 소개됩니다. 고준위 방사성 폐기물* 처리장을 지을 최적의 부지를 어떻게 확보할지, 어떤 재료로 건설할지, 안내문을 어떤 언어로 할지 과학자들이 고민합니다. 그런 걸 왜 심각하게 고민하냐고요? 문제가 생각보다 복잡하답니다. 지구에서 가장 오래된 문자가 고작 5000년 된 쐐기 문자임을 감안하면 10만 년 넘게 살아남을 언어를 찾는 일이 만만하지 않다는 걸 알 수 있습니다. 10만 년 동안

＊ **고준위 방사성 폐기물** 원자력 발전의 결과로 나오는 폐기물 가운데 방사능이 비교적 약한 폐기물을 저준위 방사성 폐기물이라고 부른다. 원전 작업자가 입은 작업복이나 장갑, 신발, 부품 등이 여기에 속한다. 반면에 방사능이 아주 강한 폐기물을 고준위 방사성 폐기물이라고 한다. 폐연료봉이 대표적이다. 폐연료봉은 타고 남은 연탄재와 같지만, 방사능을 강하게 내뿜는다.

파괴되지 않을 건축 재료를 찾는 일도 어렵지요. 아니, 그때까지 인류는 존재할 수 있을까요?

더욱 놀라운 사실은 전 세계에 고준위 방사성 폐기물 처리장이 단 한 곳도 없다는 것입니다. 1954년 소련에서 최초의 원전이 가동된 후 60년이 지났지만 고준위 방사성 폐기물을 안전하게 처리·보관하는 방법은 아직 개발되지 못했습니다. 고준위 방사성 폐기물 처리장 건설을 준비하는 나라는 스위스와 핀란드, 스웨덴 뿐이지요. 스위스도 40년 전부터 방사성 폐기물 처리장을 건설할 부지를 물색해 왔지만 여전히 첫 삽도 뜨지 못한 상태랍니다. 스위스의 고준위 방사성 폐기물 연구소는 화강암으로 이루어진 지역에 있습니다. 단단한 화강암 지대는 다른 지역보다 지진이나 충격 등에 안전하답니다. 그렇다면 멀리 갈 것도 없이 바로 그곳에 고준위 방사성 폐기물 처리장을 건설하면 되지 않을까요? 이에 대해 연구소 소장은 이렇게 답변합니다.

"6만 년쯤 후에 알프스 지역에 빙하기가 다시 도래해 빙하가 산을 깎고 지나가면 수백 미터 암반 속에 묻어 놓은 방사능 폐기물이 지면 위로 노출될 위험성이 있다. 최대한의 안전을 확보할 수 있는 다른 장소를 물색하고 있다."[1]

---

1) <연합뉴스> 2015년 7월 5일, 스위스 "40년 전부터 방사성 폐기물 처리 준비했다"

수만 년 뒤 후손들의 안전까지 철저히 생각하는 거지요. 다른 나라들은 어떨까요? 시도조차 하지 않고 있습니다. 우리나라 역시 고준위 방사성 폐기물 처리장에 대한 계획 없이 원자력 발전을 시작했답니다. 현재 고준위 방사성 폐기물은 원자력 발전소 내부의 임시 저장 공간에 저장하고 있습니다. 그런데 가까운 미래에 임시 저장 공간이 다 차게 됩니다. 애초에 고리 원자력 발전소는 2016년, 한빛 원자력 발전소는 2019년, 한울 원자력 발전소는 2021년, 신월성 원자력 발전소는 2022년이면 임시 저장 공간이 포화 상태에 이를 것으로 예상됐습니다. 그러자 조밀화 작업을 통해 고리와 한빛은 2024년, 한울은 2037년, 신월성은 2038년까지 포화 예상 시점을 미루어 둔 상태랍니다. 조밀화 작업은 폐연료봉의 저장 간격을 좁혀 저장 공간을 늘리는 작업입니다.

문제는 생각보다 심각합니다. 원자력 발전소에서 가장 튼튼한 건물은 원자로가 있는 건물입니다. 지붕이 돔 모양인 건물이지요. 그 건물 옆에 임시 저장소가 있습니다. 임시 저장소는 외부 충격에 안전하지 못합니다. (물론 원자로 건물이라고 해서 완벽히 안전한 것도 아닙니다.) 그야말로 임시 시설에 불과하죠. 따라서 폐연료봉을 보다 안전한 저장 시설로 반드시 옮겨야 합니다. 그런데 여전히 고준위 방사성 폐기물 처리장 건설은 시작도 못한 상태랍니다. 처리장을 지을 장소조차 구하지 못했지요. 우리

핵이라는 덫

나라 정부는 고준위 방사성 폐기물 처리장 부지를 선정하는 데 12년 정도 걸릴 거라 예상하고 있지만, 그 안에 이루어질지 미지수랍니다. 2015년에 운영을 시작한 경주 방사능 폐기물 처리장은 저준위 폐기물을 보관하는 곳임에도 부지 선정에만 무려 19년이 걸렸습니다.

이렇게 무책임한 기술이 또 있을까요? 지금까지 전 세계가 이 무책임한 기술에 동참해 왔습니다. 그런데도 원자력 발전이 계속될 수 있었던 까닭은, 발전소 내부의 저장 공간이 다 차면 보관 중인 폐연료봉의 간격을 좁히는 조밀화 작업을 통해 보관 기간을 10~20년씩 늘리고, 그것도 한계에 이르면 임시로 추가 보관 시설을 더 지어 또 10여 년을 늘리는 식으로 버텨 왔기 때문이지요. 그렇게 끝까지 버티다 발전소를 폐쇄하면 그만이었지요. 그러나 발전소가 중단을 멈춰도 폐연료봉은 계속 관리되어야 합니다. 누누이 강조한 것처럼 장장 10만 년 동안 말이지요. 행선지가 결정되지 못한 폐연료봉은 폐쇄된 발전소에 그대로 있습니다. 불안하고 위험한 상태로 말이지요.

지구 멸망 보고서

4

이스터섬의 비극

★ 1722년 유럽의 탐험가에 의해서 최초로 발견된 이스터섬. 남
태평양 한가운데 덩그러니 떠 있는 이 섬은 가장 가까운 남미 대
륙으로부터 3700킬로미터 이상 떨어져 있습니다. 비행기로 5시
간 정도 가야 하는 거리지요. 가장 가까운 섬조차 2250킬로미터
나 멀리 있지요. 이 섬이 세상에 알려졌을 때 이 섬에는 얼마 남
지 않은 원주민들이 힘겹게 살아가고 있었어요. '모아이(Moai)'로
불리는 거대한 석상만 이 섬의 번창했던 과거를 말하는 듯 우뚝
서 있었지요. 거석(巨石) 문화를 꽃피웠던 문명은 어떻게 사라진
걸까요?

본래 이 섬은 아주 오래전부터 야자수가 울창한 섬이었어요.
야자수는 거대 석상을 운반하거나 커다란 카누를 만들기에 더할
나위 없이 좋은 재료였지요. 원주민들은 야자수로 배를 만들어
타고 먼 바다까지 나가 돌고래를 잡았답니다. 돌고래는 단백질을
공급해 주는 중요한 식량이었지요. 또 원주민들은 섬에서 다양하
고 풍부한 먹을거리를 얻으며 나날이 번성했습니다. 그러나 시간
이 흐르면서 이스터섬은 몰락의 길로 들어서게 됩니다. 이스터섬
의 삼림은 인구가 늘어나면서 점점 줄어들기 시작했습니다. 원주

자연의 반격, 지구 온난화

황량한 이스터섬에 서 있는 모아이(Moai) 석상

민들이 나무를 베고 그 자리에 농사를 지으면서 삼림은 더욱 황
폐화되어 갔지요. 1400년 이후로는 야자수가 아예 자취를 감췄답
니다. 열매나 목재를 얻을 만한 식물이 거의 사라지고 잡풀만 무
성해졌지요. 그러자 섬에 살던 조류나 동물들도 빠르게 사라졌습
니다. 나무가 없으니 배를 만들 수도, 물고기를 잡는 도구를 만들
수도 없었답니다. 더 이상 먹을거리를 구하기 힘들게 되자 원주
민들은 가까이 있는 식량에 눈을 돌리기 시작했습니다. 바로 인
간이었지요. 이스터섬의 구전 설화에서 가장 심한 욕은 '네 엄마

를 내가 씹어 먹겠다!'였답니다.

거대 석상이 세워진 시기는 자연이 파괴되기 시작한 1200년에서 1500년 사이였지요. 석상을 세움으로써 하늘의 노여움을 달래고 소원을 빌었던 것으로 볼 수 있습니다. 왜 이스터섬의 원주민들은 이처럼 돌이킬 수 없는 상황에 이르기 전에 아무런 조치를 취하지 않았을까요? 최후는 하루아침에 갑자기 오는 것이 아니랍니다. 원주민들은 마지막 남은 한 그루 나무를 벨 때도 별다른 위기감을 느끼지 못했겠죠. 자연이 언제나 아낌없이 주리라는 착각을 품은 채 말입니다.

이스터섬의 이야기는 먼 옛날이야기에 불과할까요? 우리 역시 이스터섬의 원주민이 걸어간 길을 걷고 있는 건 아닐까요? 갈수록 자원은 고갈되고 지구는 뜨거워지고 있답니다. 언젠가 우리에게도 마지막 나무를 벨 날이 찾아올지 모릅니다. 문명의 역사에서 기상 이변은 언제나 '대량 살상 무기'였으니까요.

고립된 섬에서 탈출하지 못했던 이스터섬 원주민과 마찬가지로 인류도 지구를 벗어날 수 없지요. 바다를 건너 뭍으로 가기 어려웠던 것처럼 우주를 건너 다른 행성에 가기는 어렵습니다. 지구는 우주의 바다에 떠 있는 이스터섬이랍니다.

자연의 반격, 지구 온난화

온실가스, 적어도 문제 많아도 문제

★ 지구 온난화의 주범으로 흔히 이산화탄소를 이야기합니다. 이산화탄소는 우리가 숨을 내쉴 때 몸에서 나오는 기체랍니다. 석유나 석탄 등을 태울 때도 발생하지요. 이산화탄소를 비롯해서 메탄, 아산화질소 등 지구를 따뜻하게 만드는 기체를 온실가스라고 부른답니다. 비닐하우스 같은 온실에 들어가 보면 겨울에도 따뜻하지요. 투명한 비닐이나 유리를 통해 들어온 햇빛이 온실 내부를 따뜻하게 하고, 그 열기를 비닐이나 유리가 가두기 때문이지요.

온실가스도 온실의 비닐이나 유리와 비슷한 역할을 합니다. 온실가스는 햇빛에 달구어진 지구 표면에서 나오는 에너지를 흡수합니다. 온실가스의 이러한 작용 때문에 지구는 일정한 기온을 유지할 수 있습니다. 온실가스가 없다면 지구는 평균 기온이 영하 18~20도로 떨어져 생명이 살기 어려워지지요. 그런 점에서 온실가스는 지구의 담요와 같은 역할을 하지요. 이산화탄소는 지구를 따뜻하게 할 뿐만 아니라 식물의 광합성에도 꼭 필요합니다. 식물은 햇빛과 물, 이산화탄소를 합성하는 광합성 작용을 통해 자라니까요. 이처럼 이산화탄소는 지구에 없어선 안 될 중요한 기체입니다. 이산화탄소가 없었다면 지금의 지구도, 우리도 존재할 수 없겠지요.

그렇다면 왜 이산화탄소가 논란이 되는 걸까요? 문제는 이산화탄소의 양이랍니다. 이산화탄소가 조금만 많아져도 지구는 더워지고 기후는 불안정해집니다. 산업 혁명 이후로 인간이 석탄과 석유 같은 화석 연료를 많이 태우면서 엄청난 양의 이산화탄소가 발생했습니다. 산업화 초기에 이산화탄소 농도는 280피피엠(ppm)이었고 1992년에는 356피피엠이었습니다. 현재 수준으로 해마다 이산화탄소 농도가 2~3피피엠씩 상승한다면 2100년에는 936피피엠에 도달하고, 지구 평균 기온은 3.7도 오를 것으로 예상되고 있습니다.

여름과 겨울의 기온 차이를 떠올리면 지구 평균 기온이 4도 이상 올라가도 인간은 별 문제없이 적응해 살 수 있을 거라고 생각할지 모릅니다. 3도는 2도에 비해 조금 나쁘고, 4도는 3도보다 약간 더 나쁠 거라고 말이죠. 그러나 그렇게 쉽게 생각할 문제가 결코 아니랍니다. 체온을 생각해 보세요. 체온이 2~3도만 올라도 온몸이 불덩이가 되잖아요. 지구는 거대한 몸입니다. 지구 평균 기온이 2~3도 오르는 것은 지구가 불덩이로 변하는 것과 같습니다. 체온이 40도가 넘으면 사람은 죽을 수 있지요. 지구의 기온이 3.5도 이상 올라도 마찬가지랍니다.

우리나라의 2016년 6~8월 평균 기온은 24.8도였습니다. 평년

여름 평균 기온은 23.6도랍니다. 평년보다 기온이 1.2도 정도 더 높았지만 땡볕이 내리쬐는 날에는 바깥 활동을 하기 어려울 정도였지요. 지구 최고 기온 기록은 21세기 들어 2005년, 2010년, 2014년, 2015년, 2016년 등 다섯 차례나 깨졌습니다. 세계 기상 기구(WMO)는 2016년에 최근 5년이 인류 역사상 가장 무더운 기간이었다고 발표했습니다. 인간이 지구를 불덩이로 만들면, 지구는 인간을 불구자로 만들 것입니다. 2003년 여름, 유럽 전역에서는 40도가 넘는 이례적인 폭염으로 약 7만 명이 목숨을 잃었습니다. 날씨가 더워질수록 노약자와 취약 계층의 피해도 커지지요.

어떤 사람들은 이산화탄소 농도가 높아지는 이유를 지구의 활동 때문이라고 합니다. 온실가스에 의한 지구 온난화를 일종의 음모론으로 보기도 하지요. 지구 온난화 이론은 기온 상승을 과장하고 온실가스를 주범으로 몰아붙인 음모라는 겁니다. 이 음모론이 큰 힘을 발휘하는 곳이 미국이지요. 인간의 잘못으로 지구 온난화가 일어났다고 믿는 미국인의 비율은 61퍼센트에 불과하거든요. 미국 정치권이 온실가스를 규제하는 세계적인 흐름에 동참하지 않는 배경일 겁니다. 그러나 증거는 차고 넘친답니다. 그린란드와 남극의 빙하를 뚫고 채취한 얼음 기둥을 통해 과거의 대기 구성을 확인할 수 있습니다. 얼음 안에 과거의 공기가 갇혀 있거든요. 대략 80만 년에 걸친 대기의 기록을 읽을 수 있습니다.

과거에는 대기 중 이산화탄소의 양이 0.03퍼센트를 넘은 적이 없었습니다. 산업 혁명 전 280피피엠이었던 이산화탄소 농도는 40퍼센트 이상 증가해 지금은 400피피엠이 넘습니다. 지구를 덮고 있는 담요가 시간이 갈수록 두꺼워지고 있는 셈이지요.

기후가 바꾸는 우리 삶

★ 엘니뇨(el Niño)라고 들어 봤나요? 엘니뇨는 적도 부근 남아메리카 페루 연안 해수면 수온이 평년보다 높은 상태가 지속되는 현상입니다. 엘니뇨가 발생하면 일반적으로 서태평양 지역에서는 가뭄이, 동태평양 지역에서는 홍수가 일어납니다. 그런데 열대 지방 나라에서 벌어지는 내전의 30퍼센트가 이 엘니뇨 탓이라고 합니다. 기후가 전쟁을 일으키는 원인이라니, 좀 황당한가요? 잘 생각해 보면 전혀 황당할 일이 아닙니다. 주로 전쟁은 자원 때문에 일어납니다. 종교든 이념이든, 어떤 이유를 내세워도 결국엔 영토를 비롯한 자원 다툼이 전쟁을 불러일으킵니다. 엘니뇨로 인해서 사막화가 심해져 식수가 부족해지고 농작물 수확량이 줄어들면 사람들은 먹고살기 위해 총을 들기 마련입니다. 물론 기후가 전쟁을 일으키는 유일한 원인은 아니겠지요. 가난, 갈

자연의 반격, 지구 온난화

등, 사회적 불평등 같은 여러 원인들이 얽히고설킨 상태에서 기후는 전쟁을 일으키는 결정적인 원인이 됩니다.

2015년부터 현재까지 유럽은 시리아 등에서 몰려온 난민으로 골치를 앓고 있습니다. 100만 명이 넘는 난민이 유럽으로 몰려들었지요. 난민 사태는 시리아 내전과 극단적인 이슬람 무장 단체 IS 때문에 일어났다고 여겨집니다. 그런데 앞에서 언급했듯이 난민 사태의 근본적 원인은 기후 변화에 있습니다. "지금 유럽이 씨름하는 난민 사태가 극단주의 때문이라고 생각하는 분이 많습니다. 그 생각은 잠깐 보류하고 이것부터 생각해 봅시다. 물도, 식량도 없어 오로지 생존을 위해 한 부족이 다른 부족과 싸우면 그 지역에 어떤 상황이 빚어지겠습니까." 2015년 8월 31일 북극 외교

시리아 내전 때문에 유럽으로 피난 가는 난민들

장관 회의에서 존 케리 전 미국 국무부 장관이 한 말입니다.

이미 예고된 난민 행렬이었습니다. 커트 캠벨 전 미국 국무부 차관보는 기후 변화가 아프리카와 남아시아에 미칠 영향을 기술한 적이 있답니다. "농산물 생산과 식수가 감소하고 자원 부족으로 분쟁이 증가하면 유럽 연합으로 들어오는 이슬람교도 이민자들이 폭증할 가능성이 있다." 또 앞으로 유럽에 이슬람교도 이민자들이 두 배 늘어날 것이라고도 했지요. 영국 옥스퍼드 대학 노먼 마이어스 교수도 이미 2005년 5월 발표한 논문에서 "기후 변화 때문에 난민이 발생하고, 이는 정치·사회·경제 등 각 분야에 걸쳐 이 시대 인류의 가장 큰 문제로 떠오를 것"이라고 예상했답니다. 그는 가뭄, 토양 침식, 사막화, 산림 파괴 등 환경적인 요인이나 이러한 이유 때문에 일어나는 내전 등으로 고향을 떠나는 이들을 환경 난민으로 일컬었지요. 바야흐로 '기후 난민'의 등장이지요.

사실, '지구 온난화'나 '기후 변화'라는 표현은 아주 부드럽고 담담한 표현입니다. 지구 온난화가 과연 기온이 좀 오르는 수준일까요? 단지 기온이 몇 도 오르는 문제가 결코 아니랍니다. 산업 혁명 이전보다 0.8도 올랐을 뿐인데 전 세계는 기상 이변으로 몸살을 앓고 있지요. 홍수, 가뭄, 사막화, 해수면 상승 등 말이지요. 기온이 계속 오르면 어떻게 될까요? 아마도 우리가 한 번도 경험해 보지 못한 파국을 맞게 될 것입니다. 지구의 온도가 2.5~3.5도가 오르면 생물종의 40~70퍼센트가 멸종한다는 예측까지 있습니다. 쉽게 말해 우리 식탁에서 절반 정도의 먹거리가 사라져 버리는 셈이죠. 생물종의 거의 절반이 사라지는 마당에 우리라고 멀쩡할까요?

기후 변화가 지구 환경에 미치는 영향은 매우 큽니다. 당장 인간의 삶에 줄 피해는 농업 생산량의 감소랍니다. 우리는 기후 변화로 심각한 식량 위기에 부닥칠 수 있지요. 많은 사람들이 '지구 온난화'라는 말을 쓰지만, 지금의 심각한 상황은 온난화(warming)보다는 가열화(heating)에 가깝습니다. 그저 조금 더 따뜻해지는 게 결코 아니지요. 따라서 '기후 변화'라는 표현보다 '기후 위기'나 '기후 재난'이라는 표현이 더 적합해 보입니다.

도미노처럼 이어진 문제들

★ 문제는 기온 상승이 단순한 문제가 아니라는 데 있습니다. 지구의 생태계는 모두 긴밀하게 연결되어 있지요. 아주 작은 기온 상승조차 지구 전체 시스템에 영향을 미칩니다. 도미노가 연달아 쓰러지듯이 연쇄적으로 문제가 발생한답니다. 더운 날씨는 수분

증발량을 늘려서 사막화를 가속시키고 태풍과 집중 호우 등을 발생시킵니다. 어디 그뿐일까요? 수분 증발량이 늘어날수록 인간이 마실 물도 줄어들고, 물 부족으로 자연히 식량 생산량도 줄어들게 된답니다. 질병은 어떨까요? 지구 온난화로 겨울이 짧아지고 온난한 지역이 넓어지면 그만큼 곤충의 활동 시기가 늘어나고 활동 범위도 넓어진답니다. 곤충 중에는 인간에게 이로운 익충도 있지만 모기, 벼룩, 파리, 이 등 질병을 옮기는 해충도 많습니다. 모기가 전염시키는 말라리아는 매년 3억 명 이상이 걸리고, 그중 100만 명 이상이 사망하는 무서운 전염병이랍니다.

또 얼어 있던 땅이 녹으면서 그 안에 갇혀 있던 세균들이 세상에 나올 수 있습니다. 여기에는 탄저균처럼 무서운 세균도 포함되지요. 마치 봉인된 악마가 해제되는 것과 같지요. 알래스카와 시베리아, 캐나다의 북부 지역 대부분은 항상 얼어 있는 땅, 즉 영구 동토랍니다. 이런 영구 동토의 해빙은 더 큰 문제를 낳습니다. 바로 그 안에 얼어 있던 온실가스의 방출 때문입니다. 영구 동토가 녹아내리면서 그 안에 얼어 있던 이산화탄소와 더 강력한 온실가스인 메탄이 쏟아져 나옵니다. 그러면 기존의 온실가스에 더해져 지구를 더 덥게 만들겠지요. 『기후 창조자』라는 책에서 팀 플래너리는 이를 '양성 순환 고리'라고 불렀습니다. 쉽게 말해, 더워서 더 더워진다는 의미랍니다.

지구 온난화의 영향으로 기온이 상승하여 극지방의 얼음이 녹으면 해수면이 상승하고, 이는 다시 해일 등을 불러일으킵니다. 게다가 얼음이 녹을수록 지구는 더욱 더워지게 됩니다. 지구에서 햇빛을 가장 잘 반사하는 곳이 빙하 지대이기 때문입니다. 반면에 가장 적게 반사하는 곳이 바다랍니다. 빙하가 녹아 바다 면적이 더 늘어나면 지구 전체적으로 햇빛을 흡수하는 면적이 더 늘어나게 되고, 지구는 그만큼 더 더워지게 되지요. 이처럼 지구 온난화는 지구 온난화를 더욱 부추긴답니다.

　　더 큰 문제는 얼음이 녹아 생긴 차가운 물이 바다에 대량으로 유입되면서 바닷물의 흐름을 교란시킨다는 거지요. 극단적으로 바닷물의 흐름이 멈추게 될 수도 있지요. 과학자들의 예측으로는 북대서양에 초당 10만 톤 이상 민물이 유입되면 바닷물 순환이 완전히 멈춘다고 합니다. 그렇게 되면 무슨 일이 벌어질까요? 그러면 온난화로 가던 지구의 기후가 급작스럽게 바뀌는 일이 발생합니다. 극지방과 적도 지방의 바닷물은 서로 순환하면서 지구 열에너지의 균형을 잡아 주지요. 바닷물 흐름 즉, 해류는 대기보다 열 수송량이 세 배나 더 많답니다. 해류가 멈추면 이런 기능도 작동하지 않게 되지요. 온난화와 빙하기라는 상반된 현상이 동전의 양면처럼 이어져 있는 것입니다. 영화 〈투모로우〉(2004)에서도 온난화로 인해 바닷물 순환이 멈추면서 지구에 갑자기 빙하기가 찾아오는 내용을 다루고 있지요.

지구의 허파로 불리는 아마존 열대 우림은 세계에서 가장 큰 열대 우림입니다. 크기가 무려 한반도 면적의 25배에 달합니다. 지구 생물종의 3분의 1이 이곳에 서식하는 것으로 알려져 있지요. 식물은 광합성을 통해 이산화탄소를 흡수하고 산소를 내놓습니다. 아마존 열대 우림이 '지구의 허파'로 불리는 이유랍니다. 그런데 불법 벌목과 잦은 산불 등으로 인해 아마존 열대 우림이 파괴되고 있습니다. 숲이 건조해지면 산불이 더 쉽게 발생합니다. 이렇게 아마존 열대 우림이 줄어들면 지구가 흡수하는 이산화탄소의 양도 갈수록 줄겠지요. 지구의 기온 상승은 도미노처럼 문제를 일으키고 악화시킵니다.

차가운 악

★ 지구의 나이는 46억 살입니다. 반면에 문명의 역사는 길게 잡아도 만 년이 안 됩니다. 인류가 본격적으로 과학의 혜택과 문명의 풍요를 누리기 시작한 건 100년 정도에 불과합니다. 지구의 나이를 24시간으로 바꿔 보면, 만 년의 역사는 0.19초에 불과합니다. 100년은 더 짧겠지요. 그 찰나의 순간에, 인류는 46억 년의 역

자연의 반격, 지구 온난화

사를 송두리째 지우고 있습니다. 46억 년이 고작 100년에 의해 마구 파괴되고 있는 셈이죠. 얼마 지나지 않아 우리는 엄청난 파국을 맞을지 모릅니다. 아득히 먼 훗날의 일이 아니라 조만간 벌어질 일입니다. 이렇게 심각한 상황인데 우리는 왜 바꾸려 하지 않을까요? 여러 이유가 있습니다.

첫째는 우리가 생활 방식을 쉽게 바꾸지 않기 때문입니다. "내가 오염시키면 얼마나 오염시키겠어?" "나 혼자 노력한다고 뭐가 달라지겠어?" 많은 사람들이 '나 하나쯤은 괜찮겠지.' 하는 생각으로 생활 방식을 바꾸려 하지 않지요. 오염은 거창한 게 아니랍니다. 오늘도 전 세계의 수많은 사람들이 지구의 온도를 높이고 있습니다. 한 사람 한 사람의 행동은 보잘것없지만, 그 작은 행동들이 모여 거대한 흐름이 됩니다. 우리가 꼭 나쁜 의도를 가지고 그러는 건 아니랍니다. 누가 일부러 지구를 망치려고 하겠어요? 그렇다면 문제가 뭘까요? 더 많이 소비하고, 더 많이 소유하려는 우리의 태도가 문제랍니다. 우리가 아주 당연하게 받아들이는 태도 아닌가요?

"그들은 자신이 하는 것을 알지 못하면서 그렇게 한다." 사상가 칼 마르크스가 한 말입니다. 독일의 이론가 페터 슬로터다이크는 마르크스의 말을 살짝 비틀어 이렇게 말했지요. "그들은 자신이 하고 있는 것을 잘 알지만, 여전히 그렇게 행동한다." 누구나 지구 환경이 점점 더 악화되고 있다는 것을 느낍니다. 상황이 더 나빠져서는 안 된다는 점도 모르지 않습니다. 그런데도 일상적으로 환경을 파괴하는 데 동참합니다. 세계적인 경제학자 제레미 리프킨은 이를 '차가운 악(Cold Evil)'으로 규정합니다. 나쁜 동기에서 저지른 살인이나 도둑질 같은 범죄를 '뜨거운 악'이라 한다면, 합법화된 제도 안에서 발생하는 악을 '차가운 악'이라 하죠. 가령 나쁜 의도가 없더라도 자동차를 많이 타면서 환경을 파괴하고 있는 거지요.

인공위성에서 촬영한 한밤의 지구 모습을 보면 지구를 수놓은 전깃불의 향연이 황홀해 보입니다. 마치 뇌 속의 신경망을 연상시키는 듯한 빛나는 점들이 지구를 뒤덮고 있습니다. 그러나 달리 생각해 보면, 휘황찬란한 불빛이 징그럽게 보이기도 합니다. 저렇게 환하게 밝힐 정도로 에너지를 밤낮으로 낭비하고 있으니까요.

그 환한 불빛 때문에 잃어버린 것들이 수없이 많답니다. 별빛도 그중 하나일 겁니다. 밤을 낮처럼 환하게 켜 놓으려면 얼마나 많은 전기가 필요할까요? 그 전기를 만들기 위해서 얼마나 많은 화석 연료가 태워지고 이산화탄소가 배출될까요? 이산화탄소가 연기처럼 눈에 보인다면 우리는 매일매일 엄청난 양의 이산화탄소가 쏟아지는 광경을 목격하게 될 겁니다. 거리를 가득 메운 자

자연의 반격, 지구 온난화

동차에서, 수많은 공장과 발전소 굴뚝에서 나오는 온실가스의 양은 어마어마합니다. 온실가스 배출의 약 40퍼센트를 자동차와 발전소가 차지한답니다. 승용차를 덜 타고 대중교통을 더 이용하는 것도 큰 실천이랍니다. 두 발로 뚜벅뚜벅 걸으면 더욱 좋겠지요.

둘째는 언론 매체나 과학자들이 충분히 경고해 주지 않기 때문입니다. 물론 많은 과학자들은 끊임없이 경고해 왔습니다. 이미 100년 전에 경고를 한 과학자도 있었지요. 1896년 스웨덴의 화학자 스반테 아레니우스는 '인간이 발명한 기계가 석탄을 태워 지구 전체를 데우고 있다.'는 내용의 논문을 발표했습니다. 인간이 일으키는 지구 온난화 현상을 처음으로 제기한 논문이었지요. 하지만 그때까지 과학자들은 지구 온난화에 큰 관심이 없었답니다. 이후 1938년, 아마추어 기상관이자 발명가인 가이 스튜어트 캘린더가 영국 기상학회에서 "인간의 산업 활동으로 지구 온난화가 일어날 것"이라고 발표했습니다.

다행히 이 발표가 과학자들의 주목을 끌었고, 이후 온난화 연구가 본격적으로 시작됐답니다.

그런데 지구 온난화 문제를 연구하는 기후학자들은 대중에게 그다지 알려져 있지 않습니다. 과거에도 그랬고 오늘날에도 그렇지요. 미국에서 온난화 논쟁이 한창 진행 중일 때 지구 온난화를 부정하는 사람들은 물리학 등 다른 분야의 학자들이었답니다. 기

인공위성에서 촬영한 한밤의 지구 모습을 이어 붙인 사진

자연의 반격, 지구 온난화

후학자가 아니었지요. 프레더릭 세이츠와 프레드 싱어와 같은 과학자들은 회사로부터 거액의 연구비를 받고 담배의 유해성과 지구 온난화의 위험성을 희석하는 데에 지대한 공을 세웠답니다. 이들 과학자는 지구 온난화를 인간의 활동이 아닌 자연의 탓으로 돌리지요. 문제의 원인은 태양에 있다고 주장하면서 우리가 할 수 있는 게 아무것도 없다고 말합니다. 이들은 한마디로 청부 과학자들이랍니다. 기업으로부터 연구비를 받아 기업 입맛에 맞는 연구 결과를 내놓고 이를 대중들에게 알리지요.

기후학자들 사이에서 지구 온난화는 논쟁거리가 아닙니다. 지구 온난화의 원인이 온실가스인지 아닌지를 두고도 논쟁하지 않지요. 너무나도 자명한 사실이니까요. 미국 하버드 대학교에서 과학사를 가르치는 나오미 오레스크스 교수는 1993년부터 2003년 사이에 '지구 기후 변화'라는 키워드로 과학 잡지에 실린 928편의 논문을 분석하여 그중 75퍼센트가 인간의 활동으로 인한 지구 온난화를 인정하고 있음을 밝혀냈습니다. 놀라운 점은 전체 논문 가운데 인간의 활동으로 인한 지구 온난화를 부정하는 논문은 단 한 편도 없었다는 사실입니다.

그렇다면 지구 온난화 논쟁은 가짜 논쟁으로 봐야 합니다. 전 세계는 오랫동안 이 가짜 논쟁에 속아 왔답니다. 전문가들의 입장이 하나로 모아지지 않은 탓도 있었지만, 일정한 합의점이 도

출된 뒤에도 논쟁은 계속됐지요. 여기에는 언론 매체의 책임도 있습니다. 어떤 사안에 대해서 토론을 벌일 때 언론은 찬반 양측의 토론자를 부릅니다. 그러면 대중들은 어떤 문제가 저명한 과학자들 사이에서 논쟁이 되고 있다고 인식하게 되지요. 지구 온난화가 바로 그랬습니다. 더구나 앞에서 말한 것처럼 기후학자들보다 대중적으로 더 유명한 사람들이 반대 측 의견을 내는 경우가 많았기 때문에 지구 온난화에 대한 왜곡된 정보에 현혹되기 쉬웠지요.

부부젤라라는 악기가 있습니다. 기다란 나팔 모양으로 생긴 응원 도구로, 2010년 남아프리카 공화국에서 열린 FIFA 월드컵 때널리 알려졌습니다. 부부젤라 소리는 너무 커서 축구 관람에 방해가 된다는 지적이 많지요. 언론 매체는 우리의 눈과 귀를 가리는 부부젤라가 아닐까요? 언론 매체는 세상을 보여 주는 창입니다. 그런데 환경 위기에 대한 보도는 드물고, 재미있고 자극적인 프로그램만 방송하지요. 환경 문제를 다루더라도 깊이 다루지 않지요. 절체절명의 위기에 처해 있으면서도 보다 신속하고 단호한 행동이 절실하다는 언급은 별로 없습니다.

자연의 반격, 지구 온난화

과학 기술이 문제를 해결해 줄까?

★ 셋째는 과학 기술에 대한 맹신 탓입니다. 과학이 모든 문제를 해결해 줄 거라 믿는 과학만능주의가 부주의를 낳지요. 과학이 모든 문제를 해결해 줄 수는 없습니다. 지구 온난화도 마찬가지 입니다. 우선, 현재의 과학 기술로는 지구 온난화를 해결하기 어렵습니다. 설사 먼 미래에 과학의 힘으로 지구 온난화를 해결할 수 있다 하더라도, 그때까지 인류가 온전히 살아남을 수 있을지 미지수랍니다. 따라서 우리는 장담하기 어려운 과학 기술에 모든 걸 맡기려 하지 말고, 당장 할 수 있는 것부터 실천해야 합니다. 그것이 현명하고 올바른 방법입니다.

과학 기술은 늘 양면성을 가집니다. 신기술이 개발되면 장점도 있지만 예상치 못한 부작용이 따라오지요. 이를테면 스마트폰이 보급되면서 우리 생활은 더욱 편리해졌습니다. 그런데 스마트폰 사용 때문에 발생하는 사고도 늘었지요.

2016년 2월, 독일에서 11명이 죽고 80여 명이 다치는 최악의 열차 충돌 사고가 일어났습니다. 신호 제어 담당자가 스마트폰 게임을 하다 벌어진 사고였습니다. 우리나라 교통안전공단의 조사에 따르면 걸으면서 스마트폰을 보다가 일어나는 교통사고가

2009년 437건에서 2014년 1111건으로 늘어났습니다. 급기야 미국의 일부 주에서는 걸으면서 스마트폰으로 문자 메시지를 보내면 과태료를 부과하기도 합니다.

이것이 바로 기술이 가진 양면성입니다. 부작용이 없는 기술은 없답니다. '약학'을 영어로 'Pharmacy'라고 하지요. Pharmacy의 어원은 그리스어 파르마콘(Pharmakon)입니다. 파르마콘은 문맥에 따라 '약'이 되기도, '독약'이 되기도 합니다. 이상하지 않나요? 병을 치료해 사람을 살리는 약과 사람을 해치는 독약이 한 단어로 같이 쓰인다는 사실이 말입니다. 어떤 약이든 장기간 복용하면 문제를 일으키기 마련이지요. 모든 약에는 부작용의 위험이 따릅니다. 약효가 부작용보다 더 클 때 약을 쓰는 거지요.

기술도 마찬가지랍니다. 우리는 기술의 부작용을 최소화하기 위해 노력할 수 있을 뿐이지요. 그렇다면 부작용이 혜택보다 더 클 때는 어떻게 해야 할까요? 어떤 노력으로도 부작용을 줄이기 힘들다면, 그 기술은 과감히 폐기해야 합니다. 물론 현실에서 이를 실현하기란 매우 어렵습니다. 지금까지 인간은 위험성이나 부작용 때문에 기술 개발을 포기한 적이 없으니까요. 돈이 안 될 것 같아서 포기한 적은 있지만, 부작용 때문에 포기한 사례는 없습니다. 아무리 나쁜 결과가 예상되더라도, 사전에 부작용을 예방하면 된다는 자신감으로 기술 개발을 밀어붙여 왔답니다. 핵

자연의 반격, 지구 온난화

무기가 그랬고, 원전 또한 그랬지요. 인공 지능도 그럴 것으로 보입니다.

과학 기술로 지구 온난화를 막을 방법은 정녕 없을까요? 거대 지구 공학이라는 분야가 있습니다. 인위적으로 지구의 기후 시스템에 개입해 지구 온난화를 해결하려는 기술 공학입니다. 인공 화산을 폭발시켜 햇빛을 막는 역할을 하는 황산염이나 황산 미세 입자를 널리 퍼뜨리거나, 이산화탄소를 흡수하는 식물성 플랑크톤을 대량으로 번식시키는 기술 등을 연구하지요. 여러 방안이 연구되고 있지만 아직까지 확실한 방법은 찾지 못했습니다. 우리가 잊지 말아야 할 사실은 지구는 인간의 실험실이 아니라는 겁니다. 지구는 이 우주에서 인간이 살 수 있는, 유일한 행성이랍니다. 아직까지는 말이지요. 지구 공학은 우리의 행성에 돌이킬 수 없는 부작용을 남길지 모르지요.

다시 한 번 강조하지만, 과학 기술은 결코 만능열쇠가 아니랍니다. 아주 복잡하고 정교한 지구라는 시스템에서 작동하는 기후와 생태계를 실험 대상으로 삼는 것은 어리석고 무모한 짓입니다. 예측하지 못한 위험한 사태나 치명적인 결과가 얼마든지 발생할 수 있기 때문이지요. 지구 공학은 해결책을 주기는커녕 더 큰 재앙을 불러올 수 있답니다. 지금까지 과학 기술이 놀라운 성취를 이룬 것은 분명하지만, 많은 문제를 일으킨 것도 부정할 수 없습니다. 문제를 해결할 새로운 기술은 언제나 뜻밖의 문제를 일으켜 왔답니다. 게다가 과학 기술은 대개 자본 논리에 따라 움직입니다. 자본 논리란 쉽게 말해 오직 이윤만을 추구하는 태도랍니다. 즉, 단기적인 이익과 결과에 휘둘릴 가능성이 아주 높답니다.

풍경에 대한 기억 상실

★ 1927~1928년에는 한강이 12월 25일부터 얼기 시작해 이듬해 4월 4일이 되어서야 겨우 녹았습니다. 그러나 2004년에는 1월 15일에 얼었다 그달 28일에 모두 녹았답니다. 한 세기도 지나지 않아, 한강 결빙 일수가 102일에서 14일로 확 줄어든 겁니다. 지금과 같은 속도로 기온이 오르게 되면, 21세기 말 한반도의 연평균 기온은 4도 이상 상승하게 된답니다. 그렇게 되면 제주도, 울릉도, 동해안, 남해안 등에서는 겨울이 아예 자취를 감출지도 모릅니다.

가장 직접적으로 피부에 와닿는 변화는 여름철의 기온 변화가 아닐까요? 2016년 여름은 그 어느 해보다 무더웠습니다. 5월부터 이른 더위와 전쟁을 치렀지요. 1950년 이래 66년 만에 5월 폭염주의보까지 발령됐답니다. 우리나라만 유독 더웠던 건 아니고 전 세계가 더웠지요. 원래 우리보다 더운 나라에서는 그야말로 살인 적인 더위에 시달려야 했습니다. 중동 지역은 연일 50도를 넘나 드는 폭염이 이어지면서 국가 마비 상태에 직면했습니다. 이라크 는 잇따른 폭염에 나흘 동안이나 임시 공휴일을 선포했고, 전력 사용량의 폭발적인 증가로 하루 12시간 이상 단전을 시행하기도 했지요.

2016년 9월 기준으로, 월별 세계 평균 기온이 17개월째 '역대 최고치'를 경신했습니다. 월별 평균 기온이 역대 최고치를 갈아 치운다는 게 무슨 뜻일까요? 쉽게 말해, 5월 기온이 역대 5월 기 온 가운데 최고치를 경신하고 6월 기온 역시 역대 6월 기온 가운 데 최고치를 기록했다는 뜻이랍니다. 그렇게 17개월 동안 최고치 를 이어 온 거지요. 미국 국립 해양 대기청(NOAA)은 기상 관측을 시작한 1880년 이래 2016년이 평균 기온 최고치를 기록했다고 밝 혔습니다. 1880~2016년을 평균 기온 순으로 17위까지 배열하면 최악의 엘니뇨가 닥친 1998년을 제외한 나머지 16개 연도가 모두 2001~2016년에 해당한답니다.

한강의 결빙 일수나 월평균 기온은 개인이 직접 체감하기 어려 울 수도 있습니다. 결빙 일수나 평균 기온을 일일이 체크하지 않 는다면, 통계 속의 정보에 지나지 않겠지요. 좀 더 직접적으로 와

닿는 이야기를 해 보지요. 예로부터 우리 민족이 즐겨 먹은 생선이 있습니다. 바로 명태입니다. 명태는 동태(얼린 명태), 북어(말린 명태), 황태(얼려서 말린 명태), 생태(얼리거나 말리지 않은 명태), 코다리(반건조 명태), 노가리(명태의 새끼), 명란젓(명태알로 담근 젓갈), 창난젓(명태 창자로 담근 젓갈) 등으로 즐겨 먹죠. 이처럼 다양하게 사랑 받는 명태가 동해에서 사라진 사실을 아나요? 우리가 먹는 명태는 전부 수입산이랍니다. 동태, 북어, 생태, 코다리, 노가리, 명란젓, 창난젓 모두 그렇지요. 수온 상승으로 명태가 전부 다 북쪽으로 이동한 탓이죠. 명태로 가득했던 동해에는 이제 오징어가 넘칩니다.

그런데 우리는 이러한 일들이 늘 그래 왔던 것처럼 여기곤 합니다. 명태가 사라진 이유를 지나친 어획 탓으로 돌리면서 온난화와 전혀 관계없는 일처럼 취급하지요. 남획도 하나의 원인일 수 있지만, 결정적인 원인은 기후 변화랍니다. 지나친 어획으로 동해에서 명태가 사라졌다면 러시아 등 인근 바다에 사는 명태가 동해로 안 넘어오는 이유는 뭘까요? 장벽이 바다를 둘러싸고 있는 것도 아닌데 말입니다. 최근 20년 동안 동해의 수온 상승은 전 세계 평균치를 훨씬 웃돌았습니다. 결국 수온이 오른 탓에 북쪽으로 이동한 명태가 동해로 내려오지 않는다고 봐야겠지요.

1911년부터 2011년까지 지난 100년 동안 지구의 평균 기온은

자연의 반격, 지구 온난화

0.74도 상승했습니다. 반면에 우리나라는 다른 나라에 비해 산업화가 빠르게 진행된 탓에 평균 기온이 1.5도나 상승했답니다. 수온은 어떨까요? 전 세계적으로 표층 수온이 0.67도 올랐으나, 우리나라는 공식적으로 수온을 관측하기 시작한 1968년 이래 1.5도 상승했지요. 명태 산란기인 2월의 동해 수온을 비교해 봐도, 1980년대 7.77도였으나 2000년대 들어 10도까지 상승했답니다. 급격히 따뜻해진 기온과 수온 탓에 한반도 주변의 물고기 분포가 달라졌지요. 통계청이 2011년에 발표한 「어업 생산량 30년간의 변화」라는 보고서에 따르면, 지난 30년 동안 오징어처럼 따뜻한 물에 사는 온대성 어종의 생산량이 급증했습니다. 오징어 어획량은 1980년 4만 8000톤에서 2010년 15만 9000톤으로 네 배 가까이 늘었답니다.

지구는 오늘날 중병을 앓고 있습니다. 병의 증상은 분명한데, 증상에 대한 반응은 제각각이지요. 누군가는 예민하게 미래를 걱정하지만, 다른 누군가는 둔감하게 미래를 낙관합니다. 지구가 종말을 향해 달려가고 있는데도, 어떤 이들은 끝내 종말을 떠올리지 못하는 거지요. 침몰 직전까지 비극을 예상하지 못한 타이타닉의 승객들처럼 말입니다. 인류가 탄 배는 거대한 빙산을 향해 돌진하고 있습니다. 우리는 개인의 문제와 고민에만 민감하게 반응하고 보다 본질적이고 무시무시한 재난과 위험을 외면하고 있지요. 재난과 위험이 너무 커서 보이지 않는 걸까요? 지구에 살면서도 지구를 보지 못하는 것처럼, 지구의 신음도 너무 커서 안 들리는 걸까요?

"까마귀들이 비명에 가까운 울음소리를 냈다." 지난 2005년 파키스탄에서 대지진이 일어났을 때 나온 외신 보도랍니다. 지진이 나기 전에 새들이 이상 행동을 보이며 재앙을 예고했다는 보도였지요. 당시 파키스탄에서는 규모 7.6의 강진이 발생해 무려 7만 5000여 명이 사망했답니다. 독일의 과학자 헬무트 트리부치는 동물들이 본능적으로 지진을 감지한다고 주장합니다. 스스로 만물의 영장이라 주장하는 인간은 동물보다 둔감하고 어리석은 탓인지 땅의 울림을 듣지 못합니다. 마찬가지로 지구가 내뱉는 고통의 신음 소리도 듣지 못하지요. 이쯤 되면 인간이 만물의 '영장(靈長)', 즉 신령스럽고 기묘한 힘을 가진 우두머리라는 평가는 한참 잘못된 것 같습니다. 인간은 자연 앞에서 좀 더 겸손해질 필요가 있습니다.

이스터섬에서 마지막 나무를 베었던 사람은 무슨 생각을 했을까요? 어쩌면 황량하기 그지없는 섬의 풍경이 그 사람에게는 자연스럽게 여겨졌을지 모릅니다. 오래전 풍요의 기억은 까마득하고, 종말 즈음의 황량한 풍경만이 익숙했을 테니까요. 문명학자 재러드 다이아몬드는 『문명의 붕괴』라는 책에서 '풍경에 대한 기억 상실'이라는 개념을 제시합니다. 풍경의 변화가 매년 서서히 진행되기 때문에 현재의 풍경이 과거의 풍경과 비교해서 얼마나 달라졌는지 사람들이 깨닫지 못한다는 거지요. 자식의 키가 얼마나 컸는지 부모가 잘 느끼지 못하는 것과 같은 이치랍니다. 우리를 둘러싼 자연환경이 하루가 다르게 변하고 있지요. 누구나 들으려 한다면 지구의 신음 소리를 들을 수 있답니다. 다만 들으려 하지 않거나 듣고도 고개를 돌릴 뿐입니다.

Global warming is global warning
(지구 온난화는 세계에 대한 경고)

★ 2009년에 덴마크의 수도 코펜하겐에서 기후 변화 회의가 열렸습니다. 어떤 이들은 이 회의를 '인류를 구할 마지막 기회'라고 불렀지요. 1995년부터 시작된 온실가스 감축 협상을 더 늦추면 안 된다는 위기감에서였지요. 당시 회의장에서 태평양 작은 섬나라 피지의 대표가 눈물을 흘렸답니다. 빙하가 녹아 해수면이 상승하면서 피지 국토가 위협 받는 위기에 처하자 국제 사회에 눈물로 호소하며 도움을 청했던 거죠. 그러나 코펜하겐에 모인 전 세계의 정상들은 피지의 눈물을 외면했습니다.

사실 피지보다 더 작은 섬나라인 투발루는 더 위급한 상태에 놓여 있습니다. 국토의 일부가 이미 바닷물에 잠겨 버렸으니까요. 투발루의 푸나푸티섬과 사빌리빌리섬이 침수되고 있는 상태랍니다. 태평양의 작은 섬나라인 탓에 투발루의 사정이 국제 사회에 잘 알려지지 않았을 뿐, 투발루는 빠른 속도로 침몰하고 있습니다. 투발루 정부는 1만 2000명의 국민을 인근 국가로 이주시킬 계획이지만 쉽지 않은 일이지요. 지반이 낮은 방글라데시도 2050년이면 국토의 17퍼센트가 물에 잠기게 됩니다. 서울과 경기도, 충청북도까지 합친 면적이 우리나라 국토의 17퍼센트 정도 됩니다. 순식간에 서울과 경기도, 충청북도가 바닷물에 잠긴다고 상상해 보세요. 이로 인해 방글라데시에서 발생할 난민은 무려 2000만 명에 달한답니다. 이들 지역에 사는 사람들은 이렇게 호소하고 있습니다.

"우리한테 무슨 죄가 있죠? 기후 변화를 일으킨 건 산업화를 먼저 이룬 잘사는 선진국들인데, 그 피해는 왜 가난한 우리가 몽땅 뒤집어써야 합니까."[2]

그저 먼 나라 이야기에 불과할까요? 남극 서부 구역의 빙하가 다 녹으면 지구 해수면이 약 1.2미터 높아질 거라고 합니다. 미국

---

2) <오마이뉴스> 2016년 9월 5일, '섬나라 투발루가 바다 속으로 가라앉는 이유'

캘리포니아 대학 에릭 리그노 교수는 해수면이 1.2미터 상승하게 되면 대한민국은 서울 면적의 5.5배에 달하는 국토를 잃을 것으로 예측했습니다. 21세기가 지나면 지구촌에는 수천만 명의 기후 난민이 발생할지 모릅니다. 약 1억 5000만 명이 해수면보다 고작 1미터 정도 높은 저지대에 살고 있기 때문이지요. 다시 말해, 해수면이 1미터만 상승해도 1억 5000만 명이 고향을 떠나야 한답니다. 또 세계 인구의 약 40퍼센트는 해안으로부터 100킬로미터 이내에 살고 있습니다.

우리는 우리의 삶을 근본적으로 바꿔야 합니다. 실천은 아주 작은 것부터 시작할 수 있습니다. 그중 으뜸은 에너지를 지나치게 많이 소비하는 삶의 방식을 바꾸는 것이겠죠. 화석 연료 사용을 줄이는 게 급선무입니다. 대표적인 화석 연료인 석유 사용을 줄이려면 승용차를 덜 타야겠지요. 걷기, 자전거 타기를 생활화해야 합니다. 어찌 보면 아주 간단한 실천 같지만, 생각보다 쉽지 않지요. 지금까지 우리가 젖어 있던 습관을 완전히 뜯어고쳐야 하기 때문입니다. 후손들의 미래를 심각하고 진지하게 걱정한다면 온실가스를 줄이는 일에 관심을 갖고 동참해야 합니다. 철학자 니체는 이렇게 말했습니다.

"이웃에 대한 사랑보다 더 숭고한 것은 먼 곳에 있는 사람과 앞으로 오게 될 사람에 대한 사랑이다."

나아가 상품 소비 자체를 줄여야 합니다. 상품을 생산하는 데 많은 화석 연료가 쓰이기 때문입니다. 플라스틱을 비롯해서 수많은 생활용품이 석유 화학 제품이랍니다. 석유는 섬유, 화장품, 의약품, 감미료 등에 광범위하게 사용됩니다. 여러분이 입은 옷 안쪽에 붙은 태그에서 '폴리에스테르'라는 글씨를 볼 수 있을 겁니다. 폴리에스테르는 석유에서 뽑은 섬유랍니다. 나일론도 석유로 만든 섬유지요. 해열제로 쓰이는 아스피린 역시 석유로 만듭니다. 석유에서 추출하는 벤젠이나 페놀에 이산화탄소를 결합시켜 만든 살리실산이 아스피린의 원료가 됩니다. 설탕에 비해 300배나 강한 단맛을 내는 인공 감미료인 사카린도 석유 성분인 톨루엔으로 만들지요.

개개인의 노력이 중요하지만, 정부도 대책 마련에 좀 더 적극적으로 나서야 합니다. 현재 우리는 기술이 부족해서 온실가스를 쏟아 내는 화력 발전에 의존하는 게 결코 아니랍니다. 화력 발전을 대체할 태양열, 풍력, 수력, 조력, 지열, 바이오* 등과 같은 신·재생

＊ **바이오 에너지** 식물, 가축 분뇨, 음식물 쓰레기 등을 활용한 재생 가능한 에너지다. 석유, 석탄과 같은 화석 연료는 매장량의 한계가 있지만, 광합성을 하는 식물은 햇빛과 물, 이산화탄소 등만 주어지면 무한대로 만들 수 있어서 재생 에너지로 분류된다. 대표적인 바이오 에너지 기술은 가축 분뇨와 음식물 쓰레기에서 발생한 가스를 도시가스로 활용하는 기술이다.

자연의 반격, 지구 온난화

에너지와 관련된 기술력은 이미 상당 수준에 올라와 있습니다. 독일, 프랑스, 핀란드, 네덜란드, 캐나다, 호주 등은 자국 내 석탄 발전소를 모두 폐쇄하겠다고 선언했습니다.

화력 발전이나 원자력 발전이 없더라도 인류는 살아갈 수 있습니다. 우리에게는 꺼지지 않는 불이 있기 때문이지요. 바로 태양입니다. 1시간 동안 지구에 도달하는 태양열 에너지는 인류 전체가 1년 내내 소비하는 에너지보다 많답니다. 태양열 에너지를 일부만 활용해도 지금처럼 살 수 있답니다. 이런 관점에서 각 가정에서도 가정용 태양열 패널 설치에 동참해야 합니다.

그렇다면 인류는 왜 그렇게 하지 않을까요? 이유는 전환 비용 때문입니다. 기존 발전소의 가동을 중단하고 태양열 발전소를 세우려면 막대한 돈이 들어가지요. 이 때문에 아직까지도 태양열을 비롯한 신·재생 에너지로 전환하는 것을 미루고 있답니다. 아직까지 태양열, 풍력 등의 신·재생 에너지는 세계 에너지 생산량의 2퍼센트에 불과하지요. 원자력은 6퍼센트, 수력은 5퍼센트를 차지합니다. 에너지의 대부분을 화력 발전에 의존하고 있는 실정이랍니다. 당장의 비용을 아끼려다 언젠가 값비싼 대가를 치러야 한다는 사실을 기억합시다.

저명한 기후학자인 제임스 핸슨은 이미 2009년에 코펜하겐에서 열린 기후 변화 회의에서 대기 중 이산화탄소량을 350피피엠

아래로 낮추지 않으면 머지않아 인류 문명이 종말을 맞을 수 있다고 경고했습니다. 그러나 어떤 정부도 이산화탄소량을 350피피엠 아래로 낮추기 위해 정부 정책과 경제 활동 방향을 대대적으로 바꾸려는 시도를 하지 않았답니다. 그 결과 2016년에 대기 중 이산화탄소량은 끝내 연평균 400피피엠에 도달하고 말았답니다.

각국 정부는 여전히 문제 해결을 위해 힘을 합치지 않고 있습니다. 전 세계는 이 문제를 해결하기 위해 20년 넘게 매달려 왔지만, 효과적인 해결책을 찾지 못했답니다. 문제를 해결할 수 있는 기회가 여러 번 있었지만, 번번이 시기를 놓치고 말았지요. 1997년 체결된 교토기후협약은 세계 최대 온실가스 배출국인 미국과 중국이 빠지면서 유명무실해졌습니다. 이후 지구 온난화가 걷잡을 수 없이 심각해지자 2015년 12월에 파리기후협약 체제가 다시 출범했지요. 세계 각국은 파리기후협약을 통해 2100년까지 지구 평균 기온이 산업화 이전과 비교해 1.5도를 넘지 않도록 하는 목표에 합의했답니다. 물론 충분한 조치는 아니었습니다. 세계 각국이 합의에 이르긴 했지만, 강제적으로 시행하도록 할 구체적 방안이 논의되지 않았거든요.

〈제르미날〉(1993)이라는 영화가 있습니다. 19세기 중반 프랑스 탄광을 배경으로 한 영화랍니다. 영화가 시작하면 탄광으로 일하러 가는 어린이들이 등장합니다. 당시에는 어린이들조차 탄광에서 일했거든요. 그런데 한 아이의 손에 새장이 들려 있습니다. 새장 안에는 '카나리아'라는 작은 새가 있지요. 예전에 광부들은 탄광으로 일하러 갈 때 카나리아를 데려갔답니다. 땅속에서 새어 나올지 모를 유독 가스를 확인하기 위해서였지요. 카나리아는 인간보다 유독 가스에 더 민감하거든요. '탄광 속 카나리아'는 위험을 미리 알려 주는 가스 경보기였던 셈입니다.

지구에도 위험을 알려 주는 카나리아가 있습니다. 바로 북극입니다. 북극을 통해서 지구라는 탄광의 위험 신호를 알아챌 수 있으니까요. 북극은 누가 봐도 질식하기 직전입니다. 2001~2010년 동안 알래스카 북극곰의 숫자는 절반 가까이 줄어들었습니다. 북극곰의 서식지인 빙하가 녹아내린 탓입니다. 칠흑 같이 어두운 막장에서 나갈 때가 됐다는 신호입니다. 그런데 아무도 나가려 하지 않습니다. 이 막장에서 끝내 세상을 끝장내려는 걸까요? 북극은 오늘도 울부짖고 있습니다. 하지만 인류는 태평하기 그지없습니다. 빙하가 녹아 사라지면 미래도 녹아 사라집니다.

지구에서 새어 나오는 신음 소리, 누구라도 그 소리를 듣는다면 질문하게 되지요.

"우리가 사는 세상은 멀쩡한 걸까?"

문제라고 인식하는 순간 문제의 해결이 시작됩니다. 모두가 귀를 막고 눈을 가린 건 아닙니다. 누군가는 쫑긋 귀를 세운 채 지구의 신음 소리에 관심을 기울이고 있답니다. "우리는 모두 시궁창에 있지만, 우리 중 누군가는 별을 올려다보고 있다." 작가 오스카 와일드가 한 말입니다. 현재 우리 지구에는 기후 위기뿐만 아니라 환경 파괴, 자원 고갈, 빈부 격차 등 여러 문제들이 있습니다. 우리는 이 문제들을 해결하기 위해 너나없이 고민하고 협력해야 합니다.

자연의 반격, 지구 온난화

나오는 글 : 임박한 파국

생산과 소비 양식을 변화시켜야 한다는 필연성을 깨닫는 일, 그것은 인류가 떠안아야 하는 소명입니다.

−프란체스코 교황,『찬미 받으소서(Laudato Si)』

바이킹처럼 망할 것인가?

★ 놀이공원에 가면 '바이킹'이라는 놀이 기구가 있습니다. 뿔 투구를 쓴 채 약탈을 일삼은 바이킹이 타고 다니던 배를 본떴다고 해서 그렇게 부르지요. 바이킹은 중세 유럽인들에게 공포의 대상이었습니다. 그랬던 바이킹이 어느 날 갑자기 자취를 감췄습니다. 13세기에서 17세기에 찾아온 소빙기로 기온이 크게 떨어진 탓이었죠. 북극과 인접한 그린란드에 정착해 살았던 바이킹은 생존에 큰 어려움을 겪었답니다. 여름이 짧아지고 겨울이 길어지자 농사와 목축은 물론이고 어업도 어려워졌답니다. 결국 이들은 기후 변화에 적응하지 못해 몰락했고, 살아남은 사람들은 따뜻한 남쪽 지역으로 뿔뿔이 흩어졌습니다.

바이킹 말고도 환경의 변화로 몰락한 이들이 또 있습니다. 지구 온난화를 다루면서 소개한 이스터섬의 원주민들이지요. 바이킹과 이들의 차이는 '자기 책임'에 있습니다. 바이킹의 비극은 그들의 책임이 아니었지요. 반면에 이스터섬의 원주민들은 제 무덤을 스스로 팠습니다. 생존의 중요한 자원인 나무를 함부로 베고 환경을 황폐화시켰으니까요. 조만간 지구 온난화는 냉혹한 현실로 다가올 것입니다. 믿기 어려울 만큼 가까운 미래에 말이죠. 지구는 우리에게 어떤 양해도, 허락도 구하지 않을 겁니다. 인간이 개발의 이름으로 지구를 오염시키고 파괴하면서 지구에 어떤 양해도, 허락도 구하지 않은 것처럼 말이죠.

우리가 이스터섬의 모아이 석상을 보며 놀라워하듯이 먼 훗날 지구를 찾아온 외계인은 하늘에 닿을 듯 높이 솟은 마천루를 보며 '어떤 지적 생명체가 이런 걸 만들었을까?' 하고 신기하게 생각하지 않을까요? 그러나 그 마천루를 만든 인간은 사라져 버렸을지 모릅니다. 우리가 계속 이대로 산다면 이스터섬의 원주민처럼 최후의 순간이 다가오는 것도 모른 채 몰락할 것입니다. 우리가 데운 지구가 머지않아 우리를 태울 것입니다. 우리가 질식시킨 지구가 조만간 우리의 숨통을 조여 올 것입니다. 자연의 무서운 역습이지요. 알래스카에서 절반 가까이 사라진 북극곰의 운명이 우리의 운명입니다. 자연이 파괴되면 자연의 일부인 인간도

나오는 글

무사하지 못합니다.

고대 메소포타미아의 『길가메시 서사시』에는 주인공이 삼나무 숲을 파괴하는 장면이 나옵니다. 주인공은 곧장 '해서는 안 될 일'이자 '신들의 분노를 살 일'이라고 뉘우치지요. 3500년 전의 서사시가 보여 주듯이 우리에게는 자연에 대한 경외심과 겸손함이 절실해 보입니다. 그것은 3500년 전에도, 현재도, 3500년 후에도 마찬가지입니다. 경외심과 겸손함을 잃는 순간, 인류는 미래를 잃게 될 것입니다. 인간은 우리가 착각하는 만큼 대단한 존재가 아니랍니다. 지구가 없다면 인간은 아무것도 아닙니다.

소비를 줄이자

★ 모두가 빚더미를 이고 살아가는데, 아무도 신경 쓰지 않습니다. 왜 그럴까요? 빚더미가 오늘의 장부에 기재되어 있지 않기 때문이지요. 온실가스, 원전 폐기물, 이 모두가 장부에 기록되지 않은 빚입니다. 어떤 기업도, 어떤 소비자도 에너지를 펑펑 쓴 결과에 책임지지 않지요. 우리는 당장의 회계 장부만 들여다보며 오늘을 살아갑니다. 우리는 '오늘' 소비할 수 있는 자유를 중시한 나머지, '내일' 후대가 누려야 할 자유에 대해서는 철저히 눈감아 왔

습니다. 우리에게 과연 미래의 책임감이 있는 걸까요? 없는 듯합니다. 그저 오늘만이 있을 뿐이지요. 우리에게는 오직 현재의 이윤과 비용만이 중요할 뿐입니다.

자본주의는 이윤만을 추구할 뿐, 이윤 추구 활동이 사회와 자연에 미치는 영향이나 후대가 치러야 할 커다란 대가에 대해선 전혀 신경 쓰지 않습니다. 그것이 자본의 생리입니다. 자본주의라는, 고삐 풀린 '미친 소'를 비끄러매야 할 이유랍니다. 우리가 조금이라도 미래를 생각한다면 말입니다. 고삐 풀린 자본주의는 환경과 미래의 적이랍니다. 석유와 원전 집착을 낳게 한 자본주의를 돌아봐야 합니다. 스티븐 스필버그 감독의 영화 〈A.I.〉(2001)의 배경은 지구 온난화와 자원의 고갈로 출산마저 엄격히 통제된 미래 사회랍니다. 우리가 지금의 생활 방식을 바꾸지 않는다면, 개인의 자유는 정부에 의해서 통제되거나 자원의 고갈로 제한될 수밖에 없습니다. 그런 세상이 오지 않길 바란다면, 인류는 지금의 생활 방식을 뿌리부터 바꿔야 합니다.

우리는 물건을 함부로 버리는 일에 너무도 익숙합니다. 단지 오래됐다는 이유만으로 쓸 만한 자동차나 가전제품을 갈아 치우기 일쑤지요. 수리비나 유지비가 제품 가격을 웃돈다면 새것으로 바꾸는 게 맞겠지만, 그렇지 않다면 기존 물건을 가급적 고쳐 써야 합니다. 쓰레기 분리 배출을 통해 자원을 재활용하는 것도 중요합니다. 물건을 아껴 쓰고 재활용하는 것이 화석 연료 같은 자원을 덜 소비하는 가장 좋은 방법이랍니다. 일회용품을 쓰지 않는 것도 중요하지요. 특히, 종이컵이나 젓가락 등 나무로 만든 제품의 사용을 줄여야 합니다. 나무는 지구의 온도를 낮춰 주는 자연의 선풍기랍니다. 종이를 아껴 쓰고 이면지를 재활용할 필요가 있습니다. 고기도 덜 먹도록 합시다. 소, 돼지 등을 대량으로 기르는 공장식 축산으로 발생하는 온실가스가 전체 온실가스의 약 18퍼센트 정도나 됩니다. 고기를 아예 먹지 말라는 뜻은 아니고, 일주일에 2~3번 먹던 것을 1~2번으로 줄이면 됩니다.

우리가 가리지 않고 이윤 추구에 몰두한 결과로 예상치 못한 문제가 계속 이어지고 있지요. 기후 위기, 자원 고갈, 생태계 파괴, 원전 위험, 핵폐기물, 가축들의 고통 등 이루 헤아릴 수 없는 많은 문제들이 자본주의와 지나친 소비 때문에 일어난다고 볼 수 있습니다. 인류의 에너지 소비량은 엄청납니다. 인류는 무게로 따지면 지구 전체 생물의 0.01퍼센트 정도에 불과합니다. 그런 인류가 간접적으로 쓰는 에너지까지 포함하면 전체 광합성량의 60퍼센트를 쓰고 있답니다. 인류가 몸집에 비해 얼마나 많은 에너지를 소비하는지 짐작이 되지요.

『삼미 슈퍼스타즈의 마지막 팬클럽』이라는 책에 나오는 말처럼 '필요 이상으로 바쁘고, 필요 이상으로 일하고, 필요 이상으로 크고, 필요 이상으로 빠르고, 필요 이상으로 모으고, 필요 이상으로 몰려 있는' 소비 자본주의에서 벗어나야 합니다. 되도록 많은 사람이 자원과 에너지의 소비를 줄일 필요가 있지만, 이것은 모든 국가에 동일하게 적용될 문제는 아닙니다. 부자 나라는 지금까지 지나칠 정도로 충분히 풍요를 누려 왔기 때문이지요. 2010년 기준으로 미국인은 1인당 약 17톤, 인도인은 약 1.7톤의 이산화탄소를 배출했답니다. 미국인이 인도인보다 10배나 많은 이산화탄소를 배출한 거지요.

전 인도 총리 만모한 싱은 이산화탄소 배출과 관련해 선진국과 개발 도상국 사이의 갈등을 중재하며 누구에게나 이산화탄소 배출량을 동등하게 할당하는 절충안을 제안했습니다. 현실적으로 전 세계인이 같은 양의 이산화탄소를 배출하는 것이 쉽진 않겠지만, 지금보다 선진국 국민은 더 줄이고 개발 도상국 국민은 더 늘릴 필요가 있지요. 개발 도상국 국민의 이산화탄소 배출량이 아무리 늘어나더라도 선진국 국민이 배출하는 이산화탄소량의 절반에도 미치지 못한답니다.

지구 온난화의 책임은 가난한 나라에 있지 않습니다. 그들은 지금껏 풍요와 소비로부터 철저히 소외됐답니다. 화석 연료를 쓰며 막대한 이윤을 취한 이들은 부자 나라의 부자들입니다. 영국의 구호 단체 옥스팜에 따르면, 전 세계 소득 상위 10퍼센트가 온실가스 배출량의 절반을 배출한다고 합니다. 소득 상위 1퍼센트에 속한 사람은 하위 10퍼센트에 속한 사람보다 무려 175배나 많은 온실가스를 배출하지요. 2015년 한 해 동안 미국인이 소비한 석유는 70억 배럴에 달합니다. 미국인 한 명이 하루에 9.5리터의 석유를 쓰는 셈이지요. 억강부약(抑强扶弱). 강자를 누르고 약자를 도와준다는 뜻의 사자성어랍니다. 에너지 소비에 관해서 부유한 나라들을 견제하고 가난한 나라들을 북돋워야 합니다. 에너지와 자원을 부국(富國)들은 덜 쓰고 빈국(貧國)들은 더 쓰도록 하면서 지구 전체적으로는 온실가스 배출을 줄여 가는 쪽으로 노력해야 합니다.

전 세계가 극단적인 상황을 맞더라도 소수의 선택 받은 사람들은 무사할지 모릅니다. 지구가 아무리 뜨거워져도 북극 부근에는 사람이 살 수 있다고 합니다. 하지만 이곳에 많은 사람이 살기는 어렵답니다. 기껏 해야 수백만 명 정도가 거주할 수 있지요. 넉넉히 700만 명으로 잡아도 세계 인구 70억 명 가운데 1000분의 1에 불과합니다. 결국 부유한 이들만이 살아남겠지요. 여러분과 여러분의 부모님은 그 1000분의 1에 속하나요? 여러분이 나중에 부모가 되면 여러분과 여러분의 자식은 그 1000분의 1에 속할까요? 1000분의 1이라는 확률을 가늠하기 어려우면 이렇게 생각해 보세요. 전교생이 1000명인 학교에서 가장 부유할 확률이라고 말이에요. 어때요? 쉽지 않겠죠.

　찜통 속처럼 뜨거워질 세상에서 여러분이 선택할 수 있는 것은 별로 없답니다. 여러분의 생애든, 여러분 자식의 생애든 지구 온난화가 최악의 상황으로 치닫게 될 때 우리가 할 수 있는 일은 끔찍하게도 햇빛에 천천히 말라 죽는 것뿐일지 모릅니다. 영화 〈매드 맥스〉(2015)가 그리는 미래 모습처럼 사막으로 변한 세상에서 식량과 연료를 구하기 위해 목숨을 걸고 싸우든지요. 섬뜩한 얘기지만, 지구 온난화가 극단적인 파국으로 치닫는다면 미래 세대가 맞을 운명입니다. 우리가 가만히 손 놓고 있으면 그런 세상이 옵니다. 여러분의 생애든, 여러분 자식의 생애든 말이지요. "이런 시대에 아이를 낳는 것은 아이에 대한 죄악이야." 영화 〈세븐〉(1995)에 나오는 대사랍니다. 세상의 변화를 위해 나 자신부터 작은 실천도 하지 못할 거면, 차라리 애를 낳지 않는 게 나을지도 모릅니다. 상황이 그만큼 심각하고 절망적이며, 위험의 크기는 가늠하기 어렵습니다.

후손에게 빌린 지구

★ 어떤 이들은 지구에서 살기 어렵다면 우주로 나가면 된다고

말합니다. 기술적으로 다른 행성으로 이주하는 것은 아직까지 불가능합니다. 앞으로 가능하더라도 어차피 탑승권은 소수에게 주어질 것입니다. 『성경』의 대홍수를 모티브로 삼은 영화 〈2012〉(2009)처럼 종말의 순간에 배에 탑승할 사람들은 이미 정해져 있답니다. 돈과 권력을 거머쥔 사람들이 노아의 방주에 타는 것이지요. 혹 극소수의 보통 사람들이 배에 탄다 해도 달라질 건 없습니다. 영화 〈설국열차〉(2013)가 보여 주듯 부유층이 탄 앞쪽 칸과 극빈층이 탄 뒤쪽 칸이 철저히 분리된 채, 뒤쪽 칸에 탄 이들은 비참하게 살아가겠지요. 세상이 무너져도 세상을 지배하는 질서는 끈덕지게 살아남을 것입니다.

생각해 보면 우주로 나간다는 발상 자체가 잘못된 건 아닐까요? 지구 별을 망쳐 놓고 다른 별을 찾겠다니요? 그 별이 망가지면 또 새로운 별을 찾을 건가요? '호텔 캘리포니아'를 불렀던 락그룹 이글스의 리드 보컬인 돈 헨리는 공연 중에 이런 농담을 던졌죠. "외계인은 절대로 지구에 오지 않는다. 너무 오염됐기 때문이다." 병들고 오염된 지구 환경은 우리의 정신이 병들고 오염된 결과가 아닐까요? 그러나 아무도 자신이 병들고 오염됐다고 생각지 않습니다. 어느 시인의 말처럼 "모두 병들었는데 아무도 아프지 않다."고 하지요. 오염된 우리가 새로운 별에 정착한다면 그 별을 또다시 오염시키겠지요. 그렇게 우주를 떠돌며 온통 망쳐

놓을 셈인가요? 인간은 지구 별의 주인이 아닙니다. 더구나 우주의 주인은 더더욱 아니랍니다.

지구의 환경은 갈수록 심각해지고 있습니다. 태평양에 둥둥 떠다니는 쓰레기 섬에 대해서 들어 본 적 있나요? 태평양에는 한반도 크기의 두 배에 달하는 거대한 쓰레기 섬이 있습니다. 태평양 여기저기에 흩어진 쓰레기 섬들을 다 합치면 한반도 크기의 일곱 배에 달한답니다. 이 쓰레기 섬의 90퍼센트 이상이 플라스틱으로 이루어져 있습니다. 플라스틱으로 오염된 바다는 인간과 무관할까요? 플라스틱은 작은 조각으로 부서지고, 조류와 물고기의 입속으로 들어갑니다. 결국은 돌고 돌아 인간의 배 속으로 들어오겠지요. 인간이 내다 버린 플라스틱의 역습입니다. 파국은 올까요? 일어나지 않길 바라지만, 충분히 일어날 수 있지요. 아니, 애석하게도 '충분히'가 아니라 '반드시' 일어날 것입니다. 언제인지 모를 뿐이죠. 국제 에너지 기구(IEA) 보고서에 따르면, 선진국과 개발 도상국 모두 온실가스를 줄이기로 약속한 신기후체제(Post-2020)의 감축 목표를 달성한다 해도 21세기 말 지구의 평균 기온은 2.6도 상승이 불가피합니다. 세계는 기후 위기라는 깊은 낭떠러지 위에서 위태로운 외줄 타기를 하는 셈입니다.

여전히 '설마 2~3도 이상 오르겠어?'라고 생각하나요? 2009년 9월 기후학자 백여 명이 세계의 마지막 모습에 관해 토론하기 위해 옥스퍼드 대학에 모였습니다. 「4도 이후 : 4도의 온도 상승이 인류와 생태계, 지구 시스템에 미치는 영향」이라는 제목으로 열린 세미나에서 온실가스의 증가와 국가적·국제적 대응의 더딘 속도를 경고했습니다. 세미나에 참석한 과학자들은 모두 지구 온도가 4도 상승할 수 있다는 것이 기우가 아니라 현실이라는 데 동의했습니다. 이제 2도를 훌쩍 뛰어넘어 3~4도 상승은 피할 수 없는 현실이 되었고, 5~6도 상승은 다소 비관적인 전망이, 7~8도 상승은 기우가 되었답니다. 파국은 옵니다. 다만 그 시기가 언제냐의 문제일 뿐이지요. 지금 당장 온실가스를 획기적으로 줄이지 않는다면, 극단적인 기후 위기를 피하기 어렵습니다. 우리에게 다른 선택지는 없습니다.

지구가 불덩이처럼 뜨거워지리라는 건 불 보듯 뻔합니다. 장기간의 무더위, 기록적인 가뭄, 해수면 상승, 동식물의 대량 멸종……. 자연환경은 앞으로 더욱 가혹해질 테지요. 우리 후손들은 자기들이 쓰지도 않은 화석 연료 때문에 가마솥 같은 세상에서 살 운명에 처해 있습니다. 핵폐기물은 또 어떤가요? 자기들이 쓴 적도 없는 전기 때문에 10만 년 이상 핵폐기물을 떠안고 살아야 합니다. 도대체 후손들이 무슨 잘못인가요? 여러분은 지구를 조상으로부터 물려받았다고 생각하나요? "우리는 이 땅을 조상에게서 물려받은 게 아니라 후손에게서 빌린 것이다." 『어린 왕

126

자』를 쓴 생텍쥐페리가 한 말입니다. 생텍쥐페리가 말한 이 땅을 지구로 이해할 수 있겠지요. 우리는 지구를 잠시 빌려 쓰고 있을 뿐입니다. 지구는 현세대의 것이 아닙니다. 따라서 현세대에게는 잠시 빌린 지구를 후세대에게 잘 돌려줄 의무가 있습니다.

인류는 칠흑 같이 어두운 지옥문 앞에 서 있습니다. 그리고 겁도 없이 그 문을 열고 계단을 내려가려 합니다. 누가 등을 떠민 것도 아닌데 말이지요. 이 지옥행에서 벗어날 길은 정녕 없을까요? 방법은 의외로 간단할지 모릅니다. 가던 길을 즉시 멈추고 발걸음을 돌리면 됩니다. 우리의 삶과 문명을 근본적으로 돌아보고 새 길을 찾아 나서야 합니다. 시간이 별로 없습니다. 2005년, 기후학자 제임스 핸슨은 기후 위기를 돌이킬 마지막 시점인 2015년까지 10년의 시간이 남았다고 경고했습니다. 그 전까지 대기로 쏟아지는 온실가스의 흐름을 돌려놓으면 급한 불은 끌 수 있다고 했지요. 그러나 인류는 지금까지도 별다른 노력을 하지 않고 있답니다.

우리가 너무 멀리 와 버린 건 아닐까요? 상황을 돌이키기엔 너무 늦어 버린 건 아닐까요? 현재의 상황을 원래대로 돌려놓을 시간이 우리에게 얼마나 남았을까요? 어쩌면 우리는 시간이라는 사치를 더 이상 누릴 수 없을지도 모릅니다. 무섭고 끔찍한 얘기지만, 많은 것들이 그렇게 말하고 있습니다. 틴들 기후 변화 연구소 소장인 케빈 앤더슨은 이렇게 말합니다. "미래는 불가능해 보인다." 우리가 수많은 경고등을 무시한 채 질주한 결과랍니다. 우리 앞에는 갈림길이 있습니다. 하나의 길은 미래를 끝장내는 길이고, 또 다른 길은 미래로 나아가는 길입니다. 어느 길로 갈지는 우리에게 달려 있습니다.

『지구 멸망 보고서』를 읽고 토론해 보기

1 인간은 소행성 충돌을 막을 수 있을까요?

2 인공 지능은 인간의 일자리를 빼앗을까요?

3 인공 지능은 인류를 위협할까요?

4 원자력 발전은 경제적일까요?

5 원자력 발전은 안전할까요?

6 지구 온난화를 과학 기술로 해결할 수 있을까요?

7 선진국과 개발 도상국은 지구 온난화의 책임을 어떻게 져야 할까요?

8 신·재생 에너지는 화력과 원자력 에너지를 대체할 수 있을까요?

1 인간은 소행성 충돌을 막을 수 있을까요?

6500만 년 전에 지구에 떨어진 소행성 때문에 공룡은 멸종된 것으로 보입니다. 소행성 지름이 1킬로미터만 돼도 전 지구적 재난이 발생하는데, 당시 떨어진 소행성의 지름은 6~15킬로미터에 달했습니다. 소행성 충돌을 걱정하는 사람들은 소행성 충돌을 완벽히 예측할 수 없고, 예측이 가능하더라도 지금 기술로는 소행성 충돌을 막을 수 없다고 주장합니다. 미국 항공 우주국 나사(NASA)가 관련 기술을 연구하고 있지만, 아직은 초기 단계에 머물러 있다는 것이죠. 반면 소행성 충돌을 너무 걱정할 필요가 없다는 사람들은 소행성이 충돌할 가능성은 아주 낮다고 말합니다. 지구적 재난을 초래할 만한 소행성은 오랜 주기를 두고 지구와 충돌했다는 겁니다. 그 전에 소행성 충돌을 막을 기술을 개발하면 된다는 입장입니다. 인간은 소행성 충돌을 막을 수 있을까요? 찬반으로 나누어 토론해 보세요.

2 인공 지능은 인간의 일자리를 빼앗을까요?

최근 들어 인공 지능이 주목 받고 있습니다. 인공 지능은 여러 측면에서 우리의 일상을 바꿀 것입니다. 인공 지능의 발달을 우려하는 사람들은 인공 지능이 인간의 일자리를 빼앗을 거라고 주장합니다. 제조업은 물론이고 서비스업 일자리까지 사라지게 될 거라고 예측하지요. 단순 작업뿐만 아니라 변호사, 회계사, 투자 분석가 등 전문직도 예외가 아니라는 것이죠. 반면 인공 지능의 발달이 일자리를 더 늘릴 거라는 반론도 있습니다. 인공 지능의 발달이 다양한 혁신을 가능하게 함으로써 인공 지능 개발 분야를 비롯해서 산업 전반에 더 많은 일자리가 생겨날 거라는 주장입니다. 인공 지능은 인간의 일자리를 빼앗을까요? 찬반으로 나누어 토론해 보세요.

3 인공 지능은 인류를 위협할까요?

최근 들어 스티븐 호킹, 빌 게이츠, 일론 머스크 등 세계적인 과
학자와 경영자들이 인공 지능에 대한 우려를 쏟아 내고 있습니
다. 인공 지능의 발달을 우려하는 사람들은 스스로 학습하는 강
한 인공 지능이 인간의 자리를 대체할 것이고 인간은 이를 통제
할 수 없을 거라고 말합니다. 반면 구글의 에릭 슈밋 같은 사람들
은 인공 지능은 위협이 아니라 엄청난 기회이며 인간의 삶을 훨
씬 편리하게 해 줄 거라고 말합니다. 18세기 산업 혁명 시기에 일
어난 기계 파괴 운동인 '러다이트 운동'처럼 결국 발달의 흐름을
누구도 거스를 수 없다는 것이죠. 또 인류는 인공 지능이 지켜야
할 도덕적 기준을 만들 수 있고 문제가 발생하더라고 인간의 기
술로 극복 가능하다고 합니다. 인공 지능은 인류를 위협할까요?
찬반으로 나누어 토론해 보세요.

4 원자력 발전은 경제적일까요?

원자력 발전이 싼 에너지인지, 비싼 에너지인지 늘 논란거리입
니다. 핵심은 생산 단가를 어떻게 계산하느냐에 달려 있습니다.

생산 단가는 전기를 생산하는 데 들어가는 비용을 뜻하지요. 원자력 발전이 경제적이라고 주장하는 사람들은 원자력이 석탄이나 석유, 천연가스, 신·재생 에너지에 비해 생산 단가가 싸다는 점을 내세웁니다. 반면 원자력 발전이 경제적이지 않다고 주장하는 사람들은 생산 단가 비용에 폐기물 처리나 사고 수습 등에 들어갈 비용을 더하면 결코 싸지 않다고 반박합니다. 원자력 발전은 경제적일까요? 찬반으로 나누어 토론해 보세요.

5 원자력 발전은 안전할까요?

2011년 후쿠시마 원전 사고 이후 원자력 발전에 대한 우려가 끊이지 않고 있습니다. 원자력 발전의 위험을 우려하는 사람들은 원전 사고의 예측 불가능성과 가공할 파괴력을 지적합니다. 사고 예방에 최선을 다해도 어디서 어떻게 사고가 발생할지 알 수 없다는 것이죠. 반면 원자력 발전을 지지하는 사람들은 사고는 충분히 예방할 수 있다고 주장합니다. 과거 체르노빌과 후쿠시마에서 끔찍한 사고가 있었지만, 오늘날 원자력 발전소의 시설이나 구조가 그때와 달라서 비슷한 사고는 발생하지 않을 거라고 말합니다. 원자력 발전은 안전할까요? 찬반으로 나누어 토론해 보세요.

6 지구 온난화를 과학 기술로 해결할 수 있을까요?

지구 온난화가 갈수록 심각해지고 있습니다. 일부 과학자들은 지구 온난화 문제를 과학 기술의 힘으로 해결할 수 있다고 믿습니다. 지금까지 많은 문제를 과학 기술로 해결해 왔듯이 지구 온난화 역시 거대 지구 공학 같은 방법으로 해결할 수 있다고 말입니다. 거대 지구 공학은 인위적으로 지구의 기후 시스템에 개입해 지구 온난화를 해결하려는 기술 공학입니다. 반면 과학 기술로 모든 문제를 해결하기 어렵다고 주장하는 과학자들도 있습니다. 이들은 거대 지구 공학이 매우 위험할 수 있다고 말합니다. 일반적인 과학 실험은 실패하더라도 다시 시도할 수 있지만, 거대 지구 공학의 실험 대상인 지구는 하나밖에 없기 때문입니다. 지구 온난화를 과학 기술로 해결할 수 있을까요? 찬반으로 나누어 토론해 보세요.

7 선진국과 개발 도상국은 지구 온난화의 책임을 어떻게 져야 할까요?

지구 온난화를 해결하려면 전 세계가 힘을 모아야 합니다. 다만 선진국과 개발 도상국의 책임 분담에는 의견이 엇갈립니다.

선진국이 더 부담해야 한다고 주장하는 사람들은 선진국이 개발 도상국보다 지구 온난화의 책임이 더 크고 무겁다고 말합니다. 지금까지 선진국이 경제 개발의 이익과 혜택을 누려 온 만큼 책임도 크다는 것입니다. 반면 선진국과 개발 도상국이 동등하게 책임을 부담해야 한다고 주장하는 사람들은 선진국에 지나친 부담을 지우면 선진국의 적극적인 동참을 끌어내기 어렵다고 말합니다. 전 세계가 힘을 합쳐 지구 온난화를 해결하려면 책임 추궁보다 미래 지향적인 태도가 효과적이라는 것입니다. 선진국과 개발 도상국은 지구 온난화의 책임을 어떻게 져야 할까요? 찬반으로 나누어 토론해 보세요.

8 신·재생 에너지는 화력과 원자력 에너지를 대체할 수 있을까요?

화력과 원자력 발전을 대체할 대안으로 신·재생 에너지가 주목 받고 있습니다. 태양열, 풍력, 수력, 조력, 지열 등을 활용하는 신·재생 에너지는 고갈될 염려도 없고 친환경적입니다. 신·재생 에너지의 미래를 낙관적으로 전망하는 사람들은 시간이 흐를수록 신·재생 에너지가 중요해질 수밖에 없다고 주장합니다. 지구 온난화와 자원 고갈이 심각해질수록 신·재생 에너지가 대안으로 자리 잡을 거라고 말합니다. 반면 신·재생 에너지가 중요해지긴 하겠지만 기존 에너지를 완전히 대체하기 어렵다고 보는 사람들도 있습니다. 생산 단가가 싸지 않고 자연환경의 제약이 많은 탓에 신·재생 에너지만으로 국가 전체의 에너지 수요를 감당하기 어렵다고 주장합니다. 신·재생 에너지는 화력과 원자력 에너지를 대체할 수 있을까요? 찬반으로 나누어 토론해 보세요.